GIDS VOOR
DE SINAI

Geschiedenis • Kunst • Toerisme

ALBERTO SILIOTTI

ZUID BOEKPRODUKTIES

GIDS VOOR HET VERKENNEN VAN DE

SINAI

Tekst en foto's
Alberto Siliotti

Lay-out
Valeria Manferto De Fabianis
Laura Accomazzo
Fabio Bourbon

Illustraties
Cristina Franco

Cartografisch en bouwkundig onderzoek
Yvonne Marzoni Fecia di Cossato, Alberto Siliotti,
Claudia Concina

Grafisch ontwerp
Patrizia Balocco Lovisetti

Inhoud

Oorspronkelijke titel: Guida al Sinai

Zuid Boekprodukties, Lisse
Omslagontwerp: Ton Wienbelt, Den Haag
Vertaling: A.B.A., Italië

ISBN 90 6248 881 1

De uitgever bedankt Giorgia Facchinelli voor haar waardevolle assistentie bij het opstellen van de teksten.

1 Vanaf Kaap Ras Mohammed hebt u links uitzicht op het Mangroveneiland en het aangrenzende kanaal en rechts op de Shark Observatory.

2 Het St.-Catharinaklooster, dat zich in het midden van de Sinaï bevindt, is gebouwd op de plaats waar Mozes, volgens de overlevering, de brandende braamstruik zag en wordt al sinds vijftien eeuwen bezocht door pelgrims en belangstellenden.

4-5 In een satellietopname lijkt het schiereiland Sinaï ingebed tussen de Golf van Suez en de Golf van Akaba.

MIDDELLANDSE ZEE
SAID
Bardawilmeer
EL-ARISH
Rafah
ISRAEL
Tell el-Farama
(Pelusium)
Qantara Gharb
Qantara Sharq
ISMAILIA
SUEZKANAAL
Djebel Maghara
Aboe Aweiglia
Qadesh Barnea
Qoeselma
Bir Gifgafa
Bittermeren
Djebel Yellaq
Bir Hasana
A.H.-tunnel
Bir el-Thamada
CAIRO
Mitlapas
SUEZ
CAIRO
Ayoen Moesa
NAKHL
Qalat el-Qundi
El-Thamad
RAS SOED
Hoogvlakte el-Tih
AKABA
EILAT
TABA
EGYPTE
Zafarana
Hamman Faraoen
Faraoís eiland
Het fjord
BENI SOEEF
Oase Ain Oemm Ahmed
Wadi Watir
St.-Anthoniusklooster
GOLF VAN SUEZ
Wadi Matalla
Bir Nasib
Serabit el-Khadem
Kleurencanyon
ABOE ZENIMA
Oemm Boegma
NOEWEIBA
Oase Ain Foertaga
ABOE ROEDEIS
St.-Paulusklooster
Wadi Moekattab
Wadi Feirani
Observatiepost
Oasis of Ain Khudra
Ras Aboe Galdem
GOLF VAN AKABA
SAUDI-ARABIE
Djebel Maghara
Rots van de inscripties
Nawamis
St.-Catharinaklooster
Djebel Moesa
Blauwe Woestijn
Wadi Nasb
DAHAB
MINYA
Ras Gharib
Djebel Katherina
Wadi Madsoes
Hamman Moesa
EL-TOR
Wadi Kid
Oase Nabq
Wadi Mandar
Djebel Zeit
STRAAT GOEBAL
Tiran
Sanafir
Wadi el-Aat
Naama Bay
RODE ZEE
SHARM EL-SHEIKH
HOERGADA
RAS MOHAMMED

Het schiereiland van de Sinaï, een naam van onzekere oorsprong die schijnt af te stammen van een antieke maangod wiens naam Sin was, steekt naar voren in de Rode Zee tussen de Golf van Suez en de Golf van Akaba.
De Sinaï wordt beschouwd als de derde woestijn van Egypte (na de Libische ten westen van de Nijl en de Arabische ten oosten) en zijn gebied, rijk aan mineralen zoals koper en turkoois, heeft sinds het Oude Rijk te maken gehad met expedities die lange reizen ondernamen met als doel deze waardevolle grondstoffen te winnen.
Duizend jaar later werden volgens de overlevering de woestijn en de bergen van de Sinaï het decor van het bijbelse avontuur van de uittocht, de plaats waar Mozes de Tien Geboden ontving, de lijdensweg naar het Beloofde Land, een van de heiligste plaatsen voor christenen en joden, de bestemming voor gelovigen en pelgrims.
De bergen van de Sinaï met als hoogste toppen de St.-Catharinaberg (of Djebel Katherina) en de berg Sinaï (of Djebel Moesa), waarbij zich het beroemde St.-Catharinaklooster bevindt, liggen in het zuidelijke deel van het schiereiland en lopen af in het glasheldere water van de Rode Zee, waar u, in een schone zee, een van de rijkste en meest gevarieerde onderwaterfauna's ter wereld kunt bewonderen.
Woestijn en zee zijn de twee elementen die de Sinaï overheersen en die vaak samenkomen, waarbij er vergezichten van een unieke grootsheid en een overgelijkbare schoonheid geschapen worden.

6 De driehoek van het Sinaï-schiereiland doemt uit zee op. De Golf van Akaba is door zijn tektonische oorsprong, d.w.z. veroorzaakt door ontspanningsverplaatsingen van de grote continentale platen, veel dieper dan de Golf van Suez.

7 linksboven De Sinaï is doorkliefd met een netwerk van wadi's, een Arabisch woord dat de dalen aanduidt van vroegere, nu uitgedroogde waterstromen.

DE GEOLOGIE VAN DE SINAI

Het is belangrijk de lange geologische geschiedenis van het schiereiland van de Sinaï te kennen, niet alleen om het buitengewone landschap van dit gebied te kunnen begrijpen, verklaren en waarderen, dat, ook al lijkt het ruw en woestijnachtig, qua natuurschoon zeker een van de rijkste ter wereld is, maar eveneens om kennis te nemen van een hele reeks bijzonder interessante geologische verschijnselen.
De tektonische aardschokken hebben inderdaad de geofysische aspecten, de fauna en flora en de menselijke nederzettingen beïnvloed. Een analytisch onderzoek van de complexe geologische structuur van het Sinaï-schiereiland zou te veel ruimte vergen en is ook niet het doel van deze gids, vandaar dat wij gedwongen worden de details te verwaarlozen, de uitleg zo eenvoudig mogelijk te houden en slechts een korte samenvatting te geven van de noodzakelijke gegevens om het landschap te doorgronden.
Wij kunnen de Sinaï ruwweg in drie sterk van elkaar verschillende gebieden verdelen. Het eerste, in het noorden, wordt gevormd door zandduinen en quartaire afzettingen, ter hoogte van de oude wadi's (het woord waarmee de gewoonlijk fossiele, maar soms ook nog actieve waterbeddingen worden aangeduid), en door fossiele stranden die zich vormden ten gevolge van niveauveranderingen van de Middellandse Zee tijdens de ijstijden en de interglaciale periodes, die het Quartaire Tijdperk, dat ongeveer twee miljoen jaar geleden begon, kenmerkten. Dit gebied is betrekkelijk homogeen en vormt een tamelijk vlak en gelijkmatig landschap dat naar het zuiden onderbroken wordt door een reeks uitgestrekte, oudere rotseilanden, die in de Krijtperiode (ongeveer 60 miljoen jaar geleden) zijn gevormd, en door het indrukwekkende massief van de Djebel Maghara , dat bestaat uit nog oudere kalksteen en zandsteen uit de Juratijd.

Ten zuiden van de Djebel Maghara-bergketen begint het tweede gebied, dat in het midden van het schiereiland ligt en waarin de quartaire formaties onderbroken worden door talrijke en ruime dagzomende aardlagen van kalksteen uit het Tertiair (uit het Eoceen- en nog zeldzamer uit het Paleoceentijdperk). Ook de onmetelijke hoogvlakte van el-Tih, het geografische middelpunt van het Sinaï-schiereiland, bestaat hieruit. Deze hoogvlakte strekt zich zuidwaarts uit en is omgeven door andere dagzomende kalksteenaardlagen uit de Krijtperiode, die het afscheiden van een gebied dat bestaat uit vulkaan- en granietrotsen.
Dit is het derde van de gebieden waarin wij het Sinaï-schiereiland verdeeld hebben.
Hier verandert het landschap onverwachts en volkomen en de verschillende kalksteen- en zandsteensoorten maken plaats voor twee soorten rotsen, beide magmatisch en niet sedimentair als de vorige: graniet en bazalt. Deze laatste zijn effusiegesteenten, d.w.z. veroorzaakt door vulkaanuitbarstingen op de oceaanbodem. Het vulkanische gebied daarentegen is, vooral ten westen, begrensd door uitgestrekte dagzomende aardlagen van quartaire rotsen, die het resultaat zijn van oude koraalformaties, waaruit ook de zuidpunt van het eiland bestaat.

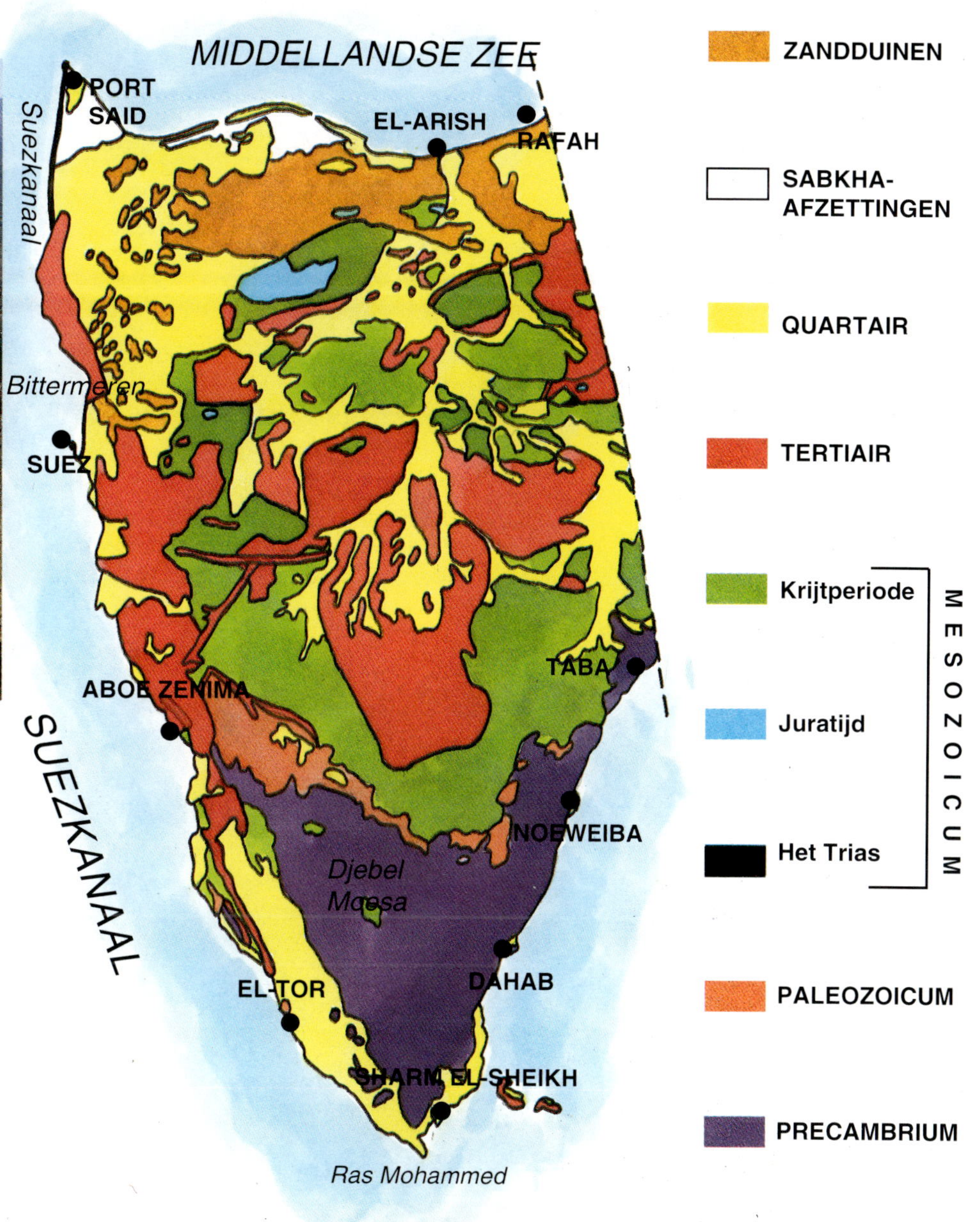

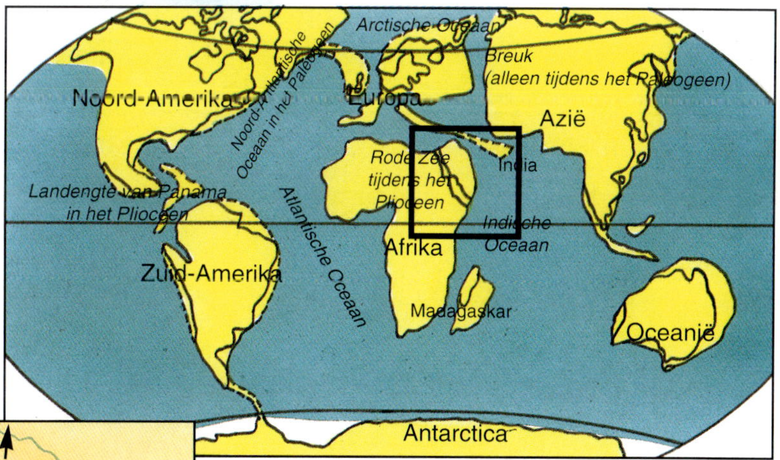

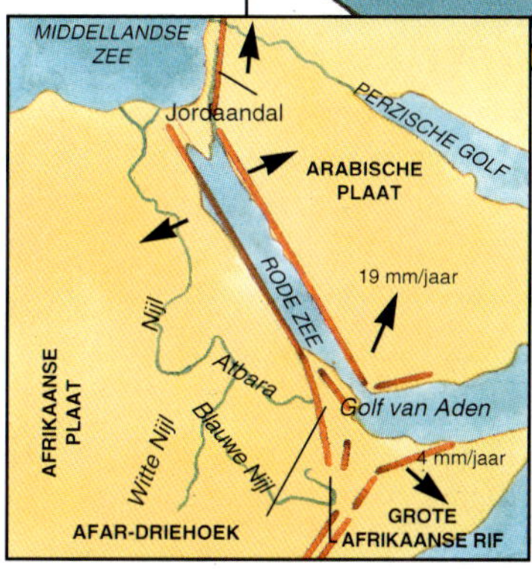

7 rechtsboven
Geologische kaart van de Sinaï.

7 midden
De tekening toont de ligging van het land en de oceanen in het Tertiair, ongeveer 40 miljoen jaar geleden.

7 onder
De grote breuk van de aardkorst die ten noorden in het Dal van de Jordaan begint en door de Golf van Akaba tot aan de Rift Valley in Oost-Afrika loopt, blijft zich ongeveer 4-5 millimeter per jaar verbreden.

DE MIJNEN VAN DE FARAO'S

De turkooismijnen en koperertslagen (zoals malachiet) die in de Sinaï aanwezig zijn (ook grote kiezellagen komen er voor), trokken al sinds de neolitische periode en om precies te zijn sinds de zogenoemde prekeramische periode B (omstreeks de 6e eeuw voor Chr.) zowel volkeren uit het oosten als uit het noorden. Deze eerste mijnwerkerskolonies trokken langzaam verder naar het zuiden en vestigden zich in de plaatsen waar de meeste mineralen waren, zoals gebleken is uit sommige opgravingen in de Wadi Ahmar, in de streek van St.-Catharina, waar neolitische 2575 v. Chr.) de noordelijkste gebieden tot kolonie en onderwierpen de plaatselijke bevolking. Vanaf het begin van de 3e dynastie begonnen de Egyptenaren expedities naar de Sinaï te sturen om systematisch de ertsmijnen in deze streek te exploiteren: in de Wadi Maghara werd inderdaad een bas-reliëf van farao Sekhemkhet gevonden, dat beschouwd kan worden als een van de eerste bewijzen van de Egyptische aanwezigheid in de Sinaï. De mijnwerkzaamheden bereikten hun hoogtepunt in het Middenrijk en duurden hierna voort tot aan het Nieuwe Rijk,

8
Deze foto toont een van de grote, nu verlaten turkooismijnen die op de hellingen van de Djebel Maghara uitkomen.

9 links
In Serabit el-Khadem, een Arabisch woord dat 'berg van het fort' betekent, in de nabijheid van een streek die rijk is aan turkoois- en kopermijnen, werd al ten tijde van de 12e Dynastie een kleine tempel gebouwd die was gewijd aan de godin Hathor, 'Vrouwe van de turkoois' en aan de god Sopdoe 'Heer van de vreemde landen'.

pijlpunten tezamen met afval en smeltresten van koperertsen werden gevonden.
In de periode van de Timnabeschaving (Timna I en Timna II), omstreeks 3500 v.Chr., werden de winning en smelting van het koper erg belangrijk en veroorzaakten een uitbreiding van de bevolking van de Sinaï, die in de streek van Serabit-el-Khadem ook turkoois won. De farao's van de eerste dynastieën begonnen al vroeg belangstelling te tonen voor de Sinaï en maakten al in de tinitische tijd (ongeveer 2920- slechts onderbroken tijdens de tussenperiodes: De naam van de laatste heerser in Serabit-el-Khadem waarvan wij getuigenis hebben, is die van farao Ramses VI (20e dynastie), terwijl de laatste farao onder wiens regering er een grote bedrijvigheid in de verwerking van de kopererts was, Ramses III was. De Egyptenaren maakten de Sinaï, die voor hen altijd een woestijn en onherbergzaam gebied bleef, echter nooit tot een echte kolonie en beperkten zich slechts tot het sturen van expedities en het

stichten van werkkampen in de buurt van de delfplaatsen. Hoewel bij de Wadi Kharig een bouwplaats met fragmenten van smeltresten is gevonden, afkomstig uit de 5e dynastie (zoals een aan farao Sahoera gewijde, in een dichtbij gelegen rots gehouwen, hiëroglifische inscriptie bewijst), vond de grootste ontwikkeling van de koper- en turkooisdelvingen plaats tijdens de 12e dynastie, ten tijde van Amenemhat III: van die tijd dateert dan ook een enorme opslagplaats van ertsresten, die in Bir Nasib, niet ver van Serabit el-Khadem,werd gevonden en op ongeveer 100.000 ton wordt geschat.

9 rechtsboven
Het bas-reliëf, in 1868 ontdekt door de Engelse ontdekkingsreiziger E.H. Palmer op de oostelijke wand van de Djebel Maghara, beeldt koning Sekhemkhet van de 3e Dynastie (ongeveer 2600 v. Chr.) af en is het bewijs van de exploitatie van de turkooismijnen van Wadi Maghara in de Oudheid.

9 rechtsmidden
Al in het Oude Rijk, d.w.z. in het 3e millennium v. Chr. werd in de Sinaï een begin gemaakt met het delven van het turkoois, een bijzonder geliefde edelsteen ten tijde van de farao's.

9 rechtsonder
Ten tijde van de 18e Dynastie werd de tempel van Serabit el-Khadem aanmerkelijk uitgebreid en verkreeg zijn huidige vorm.

DE JODEN, DE UITTOCHT EN DE SINAI-BERG

Reeds ten tijde van Thoetmosis II en van Ramses vinden we het bewijs van de aanwezigheid van de joden (in de oude geschriften *Apirou* genoemd) in Egypte: zij zijn steenhouwers en steensjouwers, metselaars, timmerlieden en wijnboeren. Het gaat om sporadische en toevallige meldingen, zoals in het Papyrus van Leiden 348 of in het Papyrus Harris I, die getuigen hoe de belangrijkste joodse gemeenschap, gevestigd in Madjan, dicht bij het huidige Eilat, vrij was en handel dreef met Egypte. De Egyptische bronnen maken nooit vermelding van de uittocht en het enige document waarin de naam Israël voorkomt is een stèle, bewaard in het Museum van Caïro, daterend van het jaar V van farao Merneptah, zoon van Ramses II. Daar wij weten dat de val van Jericho in het jaar 1250 v.Chr. plaatsvond en de joden veertig jaar in de woestijn doorbrachten, kunnen wij schatten dat de wederwaardigheden van Mozes in Egypte tijdens de regering van Ramses II plaatsvonden, toen men druk bezig was met de versterkingswerkzaamheden van de delta en de bouw van de toekomstige Piramses. De uittocht vond ten laatste plaats tijdens de regering van Merneptah. Volgens de klassieke bronnen reisden de joden, die vanaf de oostelijke delta vertrokken (vanaf Pi-Ramses of vanaf Pithom), richting Sinaï; ze trokken door de Rode Zee (zie Exodus, 13) naar een aardrijkskundig gezien onduidelijke plaats, maar die het Timsah-meer of de zuidelijke punt van het Manzala- of Bardawilmeer zou kunnen zijn. Hierna trokken de joden naar het zuiden tot de Berg van God, die nu als de Djebel Moesa bekend is; hier vandaan gingen zij richting Ezion-Gaber en Eilat, waarna zij weer naar het noorden trokken in de richting van Kadesh-Barnea, dat de voornaamste basis van de Israëliërs voor gebiedsverovering zou worden. In werkelijkheid is het zeer onwaarschijnlijk dat dit inderdaad de weg van de uittocht is geweest, omdat deze route niet alleen zonder logisch verband is, maar ook zeer moeilijk af te leggen, door het gebrek aan de voor de verplaatsing van zo'n groot aantal mensen onmisbare watervoorziening. Daarom heeft men aan een ander traject gedacht, de zogenoemde noordelijke route, die men een realistische weg vindt, die in het eerste stuk evenwijdig aan de kust van de Middellandse Zee loopt en dan naar het zuiden afbuigt en de Djebel Halal en dan Kadesh-Barnea bereikt: aardrijkskundig gezien zou de werkelijke Sinaï-berg van de Bijbel zich waarschijnlijk in deze streek bevinden.

10 boven
Een groep palmen valt op in het droge landschap van de Sinaï en schept een wonderlijk contrast met de warme kleuren van de zandsteen en kalksteen van de omringende bergen.

10 onder
De kamelen waren lange tijd het voornaamste vervoermiddel langs de ontoegankelijke wegen van de Sinaï.

11 boven
De oostelijke helling van de Djebel Moesa toont zich in al haar majestueuze macht. Op de top kunt u nog net het aan de Heilige Drie-eenheid gewijde kapelletje zien.

11 midden
Naast de Djebel Moesa werden andere bergen uit deze streek, alle hoger dan 2000 meter, voor de 'ware' berg van God aangezien, zoals de Djebel Serbal of de Djebel Katherina (hier gezien vanaf de Wadi Zawatin). Al sinds de 4e eeuw na Chr. erkenden monniken en kluizenaars echter de Djebel Moesa als de berg waar God aan Mozes verscheen en rondom deze heilige plaats bouwden zij kapellen en kluizenaarshutten.

11 onder
Het klooster Deir el-Arbain, in de buurt van het beroemde St- Catharinaklooster, bevindt zich aan het einde van de Wadi el-Deir; in de verte begint de grote el-Rahavlakte. Volgens de overlevering reisden de joden tijdens de uittocht uit Egypte langs de kust van de Golf van Suez naar de Sinaï, trokken door de Wadi Feiran en sloegen hun tenten op in de el-Rahavlakte. In deze vlakte stond de berg die hierna Djebel Moesa, of Berg Sinaï, werd genoemd en op deze berg ontving de aartsvader de tafelen der wet.

In 1979 tekenden de Egyptische president Sadat en de Israëlische premier Begin in tegenwoordigheid van de president van de Verenigde Staten Carter de verdragen van Camp David, die een eind maakten aan de langdurige vijandelijkheden tussen Egypte en Israël, waarmee de terugtrekking van de Israëlitische troepen uit de Sinaï werd besloten.
In deze gevoelige fase stonden de Verenigde Naties garant voor de vrede en de uitvoering van het verdrag: de Sinaï werd in drie zones verdeeld, waar de militaire aanwezigheid van Egypte op grond van de getroffen overeenkomsten moest worden verminderd en dezelfde maatregelen werden getroffen voor het Israëlische grensgebied. De MFO, Multinational Force & Observers (Multionationale Strijdkracht en Waarnemers) is opgericht in 1982, na het aflopen van het UNO-mandaat. Het gaat hier om een onafhankelijke en evenredig door de Arabische Republiek van Egypte, de Staat van Israël en de Verenigde Staten van Amerika bekostigde internationale organisatie met bijdragen van de Duitse en Japanse regeringen. Dit orgaan is belast met duidelijk bepaalde opdrachten om een waarneming en controle uit te oefenen op de inachtneming van het vredesverdrag: de organisatie moet inderdaad melding maken van eventuele schendingen met betrekking tot de beperkingen van het militaire personeel en de infrastructuren in de vier zones.
Verder moet ze de vrije doorgang in de Straat van Tiran en de zuidelijke wateren van de Golf van Akaba verzekeren. De vier zones heten: zone A, zone B, zone C en zone D. In de A-zone mag Egypte een infanteriedivisie van 22.000 man aanhouden met de hiervoor benodigde militaire installaties en kampverdedigingen. In de B-zone mag Egypte vier bataljons van 4000 man stationeren met de hiervoor benodigde militaire installaties, de kampverdedigingen en kustsurveillanceposten, uitgerust met korte-afstandswapens.
In de C-zone bevinden zich slechts leden van de MFO, ook al mag Egypte gewapende burgerlijke

politie-eenheden met lichte geweren aanhouden. In de D-zone, in Israël bevinden zich vier Israëlische infanteriebataljons met een totaal aan 4000 manschappen. De functies van de MFO zijn nog steeds volkomen gerechtvaardigd en iedereen, die de Sinaï bezoekt, ziet het voortdurende verkeer op de straten en wegen van voertuigen met het MFO-kenteken, dat als embleem de duif van Picasso, als vredessymbool, draagt. De landen die hier deel van uitmaken, zijn de VS, Australië, Canada, Colombia, Frankrijk, de Fiji-eilanden, Italië, Nieuw-Zeeland, Nederland en Uruguay.
De militaire eenheden zijn over twee basiskampen verdeeld: het noordelijke kamp in Gorah (20 km ten zuiden van de Middellandse-Zeekust) en het zuidelijke kamp in Sharm-el-Sheikh. Italië is vertegenwoordigd door drie mijnenvegers in de militaire haven van Sharm-el-Sheikh en heeft als taak de vrijheid van scheepvaart in de Straat van Tiran en de zuidelijke ingang van de Golf van Akaba te verzekeren.

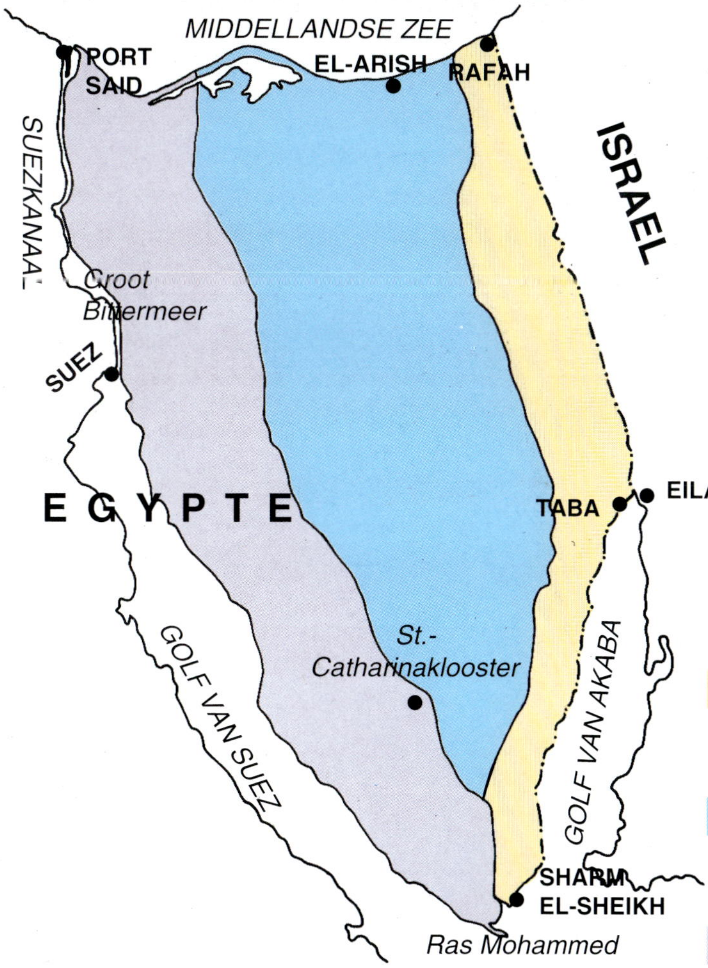

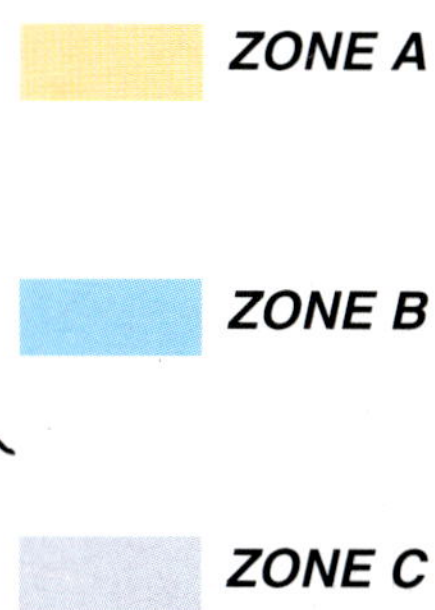

12 boven De grote Naama Bay begint ten noorden van Sharm el-Sheikh; in de laatste jaren zijn er talrijke toeristenfaciliteiten langs de kust verrezen, waardoor deze plaats het belangrijkste toeristencentrum van de Sinaï is geworden.

12 midden
Het stadje Dahab, een bedoeïenwoord dat 'goud' betekent en duidt op de kleur van het strand, ligt aan de uitmonding in zee van een brede wadi.

12 onder
Een van de taken van de manschappen van de MFO is het controleren van het autoverkeer in zone C en na te gaan of zich hier geen onbevoegde militaire voertuigen bevinden. Op de foto ziet u een MFO-controlepost langs de weg naar St.-Catharina.

13 onder
Ten gevolge van de internationale verdragen werd de Egyptische Sinaï in drie zones (A, B en C) verdeeld en ten oosten, op het Israëlische grondgebied, bevindt zich een vierde zone (D). In deze gebieden is de aanwezigheid van de strijdkrachten streng geregeld; de controles worden uitgevoerd door een internationaal korps, dat MFO, Multinational Force & Observers, wordt genoemd.

13 boven
Italië maakt deel uit van de landen die een militair contingent in de Sinaï hebben, dat deel uitmaakt van de MFO: drie mijnenvegers van de marine zijn in de baai Sham el-Sheikh gestationeerd.

13 midden
De Italiaanse mijnenveger Mango patrouilleert in de Straat van Tiran.

DE BEDOEIENEN

De bedoeïenen vormen de nomadenbevolking van de woestijn. zoals hun naam aanduidt, die van het Arabische woord *bedu* is afgeleid, dat 'bewoner van de woestijn' betekent: de onmetelijke en verlaten zandvlakten, de ongastvrije bergen van de woestijn zijn hun uitverkoren woongebied, hun onbetwiste rijk. In onze verbeelding zijn ze nog steeds het volk dat vanaf hun kamelen de woestijn beheerst en sinds eeuwen gewend is in tenten te leven, met hun kamelen en geiten, en zich al naar gelang de jaargetijden en de aanwezigheid van weidegrond verplaatst. Getooid met de *gallabia*, de lange witte tuniek, en het hoofd bedekt met de *kafya*, het rechthoekige stuk doek, dat door de *ugal* wordt vastgehouden, het om het hoofd gewikkelde dubbele koord, oorspronkelijk van gedraaid geitenhaar en tegenwoordig eenvoudig van katoen. Hun maatschappij is georganiseerd in stammen, die zijn gebaseerd op het nomadenbestaan; ze ondergaat diepgaande veranderingen en is gedoemd langzaam een metamorfose te ondergaan, die zal samengaan met een toenemend identiteitsverlies. De bedoeïenen, onderverdeeld in meer dan 50 volksstammen, nemen een tamelijk uitgestrekt gebied in beslag, dat het Arabische schiereland, Syrië, Jordanië, de Staat Israël, de Sinaï en de oostelijke woestijn omvat: in de Sinaï zijn de ongeveer 50.000 bedoeïenen in een tiental stammen onderverdeeld, die ontstaan zijn uit het samengaan van oudere volksstammen met andere, die in betrekkelijk recente tijden op het schiereiland zijn aangekomen.

14 boven
Een jonge bedoeïenenvrouw toont zich met onbedekt gezicht, maar draagt een sluier op het hoofd, die het gevlochten haar bedekt.

14 onder
De kameel is geruime tijd bijzonder belangrijk geweest voor het nomadenleven in de woestijn. Tegenwoordig wordt deze voor het reizen en het vervoer door auto's vervangen. De kameel is een toeristenattractie geworden, maar blijft toch nog het enige middel om de meest ontoegankelijke gebieden van de Sinaï te verkennen.

15 boven
Het typische hoofddeksel voor mannen bestaat uit een doek, die kafya *wordt genoemd en wordt samengehouden door een dubbel koord,* ugal *genoemd.*

15 midden
Een bedoeïenenvrouw met het gezicht verborgen achter de karakteristieke boerqoe, *waarop sieraden, gouden en koperen munten zijn bevestigd.*

15 onder Een bedoeïenenkind met volgens de traditionele gewoonte bedekt hoofd, glimlacht naar de fotograaf.

15 rechtsonder
De tekening geeft de verdeling van de diverse bedoeïenenstammen in de Sinaï weer.

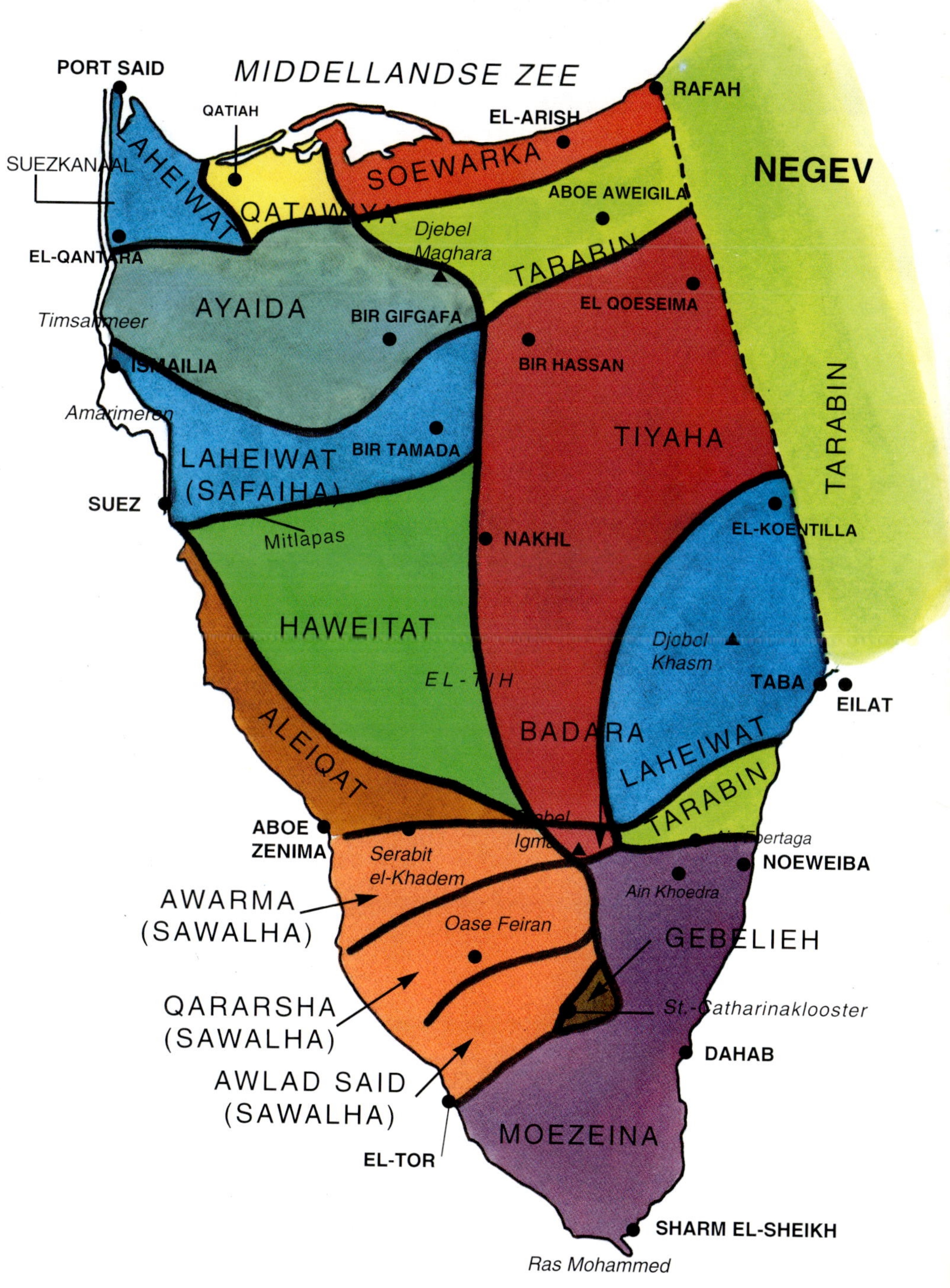

DE STAMMEN VAN HET NOORDEN VAN DE SINAI

Wat betreft de volksstammen van het noorden en midden van de Sinaï, deze zijn vertegenwoordigd door verschillende grote stammen. De Soewarka, het talrijkst, bevinden zich in de gebieden langs de Middellandse-Zeekust van de Sinaï vanaf de streek van Bir-el-Abd, terwijl meer naar het westen twee andere kleine stammen wonen: de Katawiya, dicht bij Bir Katia en de Masaid, die de streek tussen het dorp Roemani en het Suezkanaal bevolken. De Tarabin, afkomstig uit Palestina, hebben zich in de streek van de Djebel Maghara, Djebel Halla en de Aboe Awigila gevestigd. Meer naar het zuiden wonen de Tiyaha, eveneens afkomstig uit Palestina, die een groot gebied innemen dat tussen de Oase van el-Quseima in het noorden, het stadje Nakhl ten westen en de Oase van el-Koentilla in het zuiden ligt.

De vertegenwoordigers van de kleine stam van de Badara zijn verbonden met de Tiyaha, die in de streek van de Djebel Igma leven. In de streek ten zuiden van het door de Tiyaha bezette gebied tussen el-Koentilla en Akaba wonen de Laheiwat, waarvan een deel (dat ook de Safaiha genoemd wordt) zich in het meest noordelijke gedeelte van de kust van de Golf van Suez en langs het kanaal tot de Amari-meren heeft gevestigd; naar het oosten richting Bir Gifgafa en Tamad heeft uitbreiding plaatsgevonden. Tussen het gebied van de Laheiwat en dat van de Tiyaha woont de grote stam van de Haweitat, afkomstig uit Jordanië, in een driehoekig gebied ten zuidwesten van Suez, rondom de Djebel Raha. Ten slotte bewoont de stam van de Aiayda het gebied tussen het Suezkanaal, ten noorden van Ismailia, en de Djebel Maghara.

16 boven
De kleding van de bedoeïenenvrouwen geeft hun maatschappelijke positie aan: in de foto kunt u een getrouwde vrouw zien, met het gelaat gedeeltelijk bedekt door een kapje, waka *genoemd, dat weer bedekt wordt door een stuk doek waarop sieraden en gouden en zilveren munten zijn bevestigd, de klassieke* boerqoe.

16 midden
Twee bedoeïenen wachten met gezadelde kamelen ten noorden van Naama Bay op de komst van de toeristen. Voor deze grotendeels al lang sedentaire bevolking is het toerisme de belangrijkste bron van inkomsten geworden.

16 onder
De klassieke bedoeïenentent, het echte symbool van het nomadenleven, wordt steeds zeldzamer en is vervangen door barakken van hout, golfplaat en karton.

DE STAMMEN VAN HET ZUIDEN VAN DE SINAI OF TOWARAS

Bij de eerste twee stammen, die zich ten tijde van de moslimverovering van Egypte in de Sinaï vestigden, de Aleiquat en de Sawalha, voegden zich hierna de Muzeina en de Maaza, nu hoofdzakelijk gevestigd in de oostelijke woestijn langs de kusten van de Rode Zee en in de bergen, die deze ten westen begrenzen en ten slotte de Haweitat. Al deze stammen van verschillende oorsprong maar gevestigd op het Sinaï-schiereiland en op hun beurt in ondergroepen verdeeld, worden gezamenlijk met de naam Towaras of el-Tor-Arabieren aangeduid. De Aleiquat leven in het gebied rondom Aboe Zenima en langs de kust van de Golf van Suez. De Tarabin kunnen met de Aleiquat in verband worden gebracht. Deze stam houdt zich zowel ten noorden van Noeweiba als in het noorden van de Sinaï (in de streek van el-Arish en in de streek van Djebel Maghara) op, ook al leeft het merendeel in Jordanië en Palestina. De Sawalha-stam omvat drie andere stammen, de Awarma, de Qararsha en de Awlad Said, die in de omgeving van el-Tor leven. De Moezeina zijn daarentegen langs de kusten van de Golf van Akaba gevestigd. Aan deze groepen moeten we de Hitheim toevoegen, niet een echte stam, maar een gemengde groep die leden van verschillende oorsprong verenigde, dikwijls vanwege de ontbinding van kleine plaatselijke stammen: de Hitheim bevinden zich niet alleen in de Sinaï, maar ook in de streek van de Hedjaz in Jordanië en hebben de naam grote kameelfokkers te zijn, maar in de regel worden ze door de andere bedoeïenen met minachting bekeken. Ten slotte zijn er de Djebelieh, een woord dat 'bergbewoners' betekent, die een geval apart vormen, omdat het hier niet om echte bedoeïenen gaat, maar om nazaten van uit Bosnië en Walachije afkomstige familiegroepen, die door keizer Justinianus te werk werden gesteld in het klooster van St.-Catharina: soms vertonen sommige van deze bergbewoners verrassende gelaatstrekken zoals blauwe ogen of rood haar, die verband houden met hun Europese afkomst. De

17 boven
Grote pakzadels voor het dragen van proviand en bagage voltooien het tuig van het kameel. De kleuren en de motieven van de stoffen verschillen al naar gelang de streek en de stam.

17 midden
De molensteen die door de bedoeïenen wordt gebruikt voor het malen van het meel waarmee ze hun typische ongerezen brood, dat aesh *wordt genoemd, bakken, is gelijk aan de steen die door de neolitische bevolking werd gebruikt, die de jacht en het plukken van gewassen opgaven voor de landbouw en de veeteelt.*

17 onder
Het bedoeïenen-kameelzadel bestaat uit een simpel houten frame, met twee omgekeerde V-stukken die aan iedere zijde met twee X-vormige kruis-stukken zijn verbonden. Dit frame wordt daarna met doeken of huiden bedekt om het comfortabeler te maken.

18 boven
De bedoeïenen van de Djebeliahstam, die in de streek rondom het St.-Catharinaklooster wonen, leven voornamelijk van hun werk als gidsen en het organiseren van trektochten. De routes door deze bergen zijn dan ook alleen te voet of per kameel begaanbaar. Deze viervoeters worden echter niet zozeer voor het personenvervoer gebruikt als wel voor het transport van de proviand, het water en het voor een verblijf van verschillende dagen in de bergen benodigde materieel.

Djebeliah, die zich al snel tot de islam bekeerden, ook al bleven ze hun functies in het klooster vervullen, worden dan ook *Sebayat el-Deir* genoemd d.w.z. 'Gedienstigen van het klooster'. Net zoals de Hitheim, waarin zij zijn opgenomen, worden ze met een zekere minachting beschouwd. Dit algemene beeld is vandaag de dag onderhevig aan voortdurende wijzigingen, omdat het in de vorige eeuw aangevangen sedentaire vestigingsproces van de bedoeïenen in de laatste jaren is versneld: de tenten maken plaats voor min of meer bouwvallige hutten van golfplaat, waar zeker de televisieantenne uit het dak steekt, de kamelen maken plaats voor de kleine Toyota pick-ups en de veeteelt voor het toerisme. Er zijn steeds meer bedoeïenen die door de toeristenindustrie worden aangetrokken, als gidsen en als chauffeurs, oftewel voor de organisatie van excursies op de rug van de kameel in de woestijn, die worden afgesloten door het gebruikelijke 'bedoeïenenmaal', dat hoofdzakelijk bestaat uit een opgehaalde herinnering van hun vroegere leven ten behoeve van de toeristen.
Tradities, zeden en gebruiken van de hedendaagse bedoeïenen zijn sterk gewijzigd ten opzichte van het verleden. Hun legendarische gastvrijheid, vergezeld van de gewoontegetrouwe aanbieding van de *shai bil nana*, de klassieke muntthee, is nu een serviceverlening tegen betaling geworden en het is al lang gebruikelijk dat, wanneer een toerist niet alleen een bedoeïen maar ook een tent of eenvoudig een kameel fotografeert, hij een bedrag, volgens ongeschreven, maar nauwkeurige tarieven, dient te betalen.

18 onder
Selim Barakat Selim van de Barakat-bedoeïenenstam oefent zijn gezag in de streek van Serabit el-Khadem uit: in deze nog vrij weinig door het toerisme ontdekte gebieden, is het ritueel van het zetten van de shai, *de bedoeïenenthee, nog steeds een belangrijk moment in het dagelijkse leven.*

Men kan de bedoeïenen in dit alles geen ongelijk geven: goed beschouwd hebben deze vroegere nomaden zich in een wereld die iedere dag moeilijker en vijandiger was, moeten aanpassen.
De enkele toeristen die moed en lust hebben de gebaande wegen te verlaten en zich in de onherbergzame berggebieden van de Sinaï, te voet of op een kameel, wagen, zullen zeker vroeg of laat een enkele kleine groep van bedoeïenen ontmoeten, die de weg van de niet-integratie hebben gekozen. Als zij geduldig en op een intelligente manier reageren, zullen zij ontdekken wat overblijft van een bijzonder oude cultuur, gefundeerd op grote idealen zoals eer, trots, moed en gastvrijheid.

19 boven
Op de langs de kust ten zuiden van Noeweiba genomen foto zijn twee bedoeïenenmeisjes in hun traditionele klederdracht te zien.

19 midden
De vangst van kleine kreeftachtigen, die vooral door vrouwen vlak langs de kust wordt beoefend, is een goede bron van inkomsten voor de bedoeïenen van Dahab.

19 onder
Rondom de put van de oase Ain Hoedra vestigden zich sinds lang vervlogen tijden nederzettingen van bedoeïenenstammen, zoals ook wordt aangetoond door talrijke rotsinscripties in dit gebied.
Deze belangrijke waterbron bevindt zich langs de karavaanweg die door de Wadi Hoedra en de Wadi Ghazala loopt en de streek van Noeweiba met die van St.-Catharina verbindt.

DE LANDENGTE VAN SUEZ EN HET SUEZKANAAL

20 Aan de horizon tekent zich het profiel van de moderne gebouwen van het havengebied van Suez af, dat Port Tawfik wordt genoemd. Tijdens de Zesdaagse Oorlog werd de stad grotendeels vernield.

De landengte van Suez is een zandstrook die zich ongeveer 164 km richting noord-zuid uitstrekt en die door drie gesloten bekkens, het Timsahmeer in het noorden en de Amari-meren in het zuiden, onderbroken wordt, de Rode Zee van de Middellandse Zee scheidt en de Nijldelta van het schiereiland Sinaï. Deze natuurlijke grens tussen twee grote zeeën van de oude wereld vormde een grote hindernis voor de ontwikkeling van de handel.
Al sinds de oudste tijden dachten de mensen eraan de natuurlijke ligging te wijzigen en een kanaal te graven om een eenvoudige verbinding langs de noord-zuidas tussen de Rode Zee en de Middellandse Zee te verkrijgen.
De eerste verwezenlijking van een waterweg die door de landengte van Suez liep, ging niet rechtstreeks van de Middellandse Zee naar de Rode Zee, maar verbond de Rode Zee met de Nijl via het Timsahmeer en dateert waarschijnlijk van het Middenrijk ten tijde van Sesostris I omstreeks 2000 v.Chr. Hoewel van dit eerste kanaal geen enkel spoor meer over is, verhaalt Herodotus dat tegen 600 v. Chr. farao Necho besloot om een kanaal in de landengte van Suez te graven (zie Vertellingen, II, 158). Na de dood van de vorst zag men evenwel van deze werkzaamheden af. Deze werden ongeveer een eeuw later, 510 v. Chr., door Darius, de koning van Perzië, hervat: het kanaal liep vanaf de Nijl ter hoogte van de stad Boebasti, volgde de Wadi Toemilath en door het Timsahmeer kwam het in de Golf van Suez uit. Deze waterweg, die tot de tijd van Alexander de Macedoniër bevaarbaar bleef, werd nadien weer geopend en gebruikt door de Romeinse keizers, in het bijzonder Traianus.
Ten tijde van de Arabische overheersing, ongeveer in 645 na Chr., werd het oude kanaal hersteld om de handel tussen het Nijldal en Mekka te bevorderen, maar aan het eind van de 8e eeuw na Chr. raakte het kanaal in verval en werd het door zand bedekt.
Later overwoog de Republiek van Venetië, die de belangrijkste handelsvloot van de Middellandse Zee bezat en praktisch het monopolie van de verbindingen met het Oosten in handen had, nog de mogelijkheid een waterweg door de landengte van Suez te graven, maar gaf dit plan op: in het staatsarchief van Venetië is inderdaad een perkament uit 1504 bewaard waarin het ontwerp voor de uitgraving van het kanaal aan de Raad van Tien wordt voorgelegd.
Het duurde tot de 19e eeuw, om precies te zijn tot 25 april 1859, voordat een begin werd gemaakt met de werkzaamheden voor de kanaaluitgraving, dit keer op initiatief van de Franse diplomaat Ferdinand De Lesseps, wiens ontwerp door Prins Saïd, de toekomstige *kedive* van Egypte, werd gesteund.
Er waren tien jaren van noeste arbeid nodig om de onderneming tot een goed einde te brengen, maar op 17 november 1869 werd het Suezkanaal officieel geopend, toen de *kedive* en keizerin Eugénie, echtgenote van Napoléon III, aan boord van het keizerlijke jacht *Aigle* van Port Saïd naar

21 Al meer dan honderd jaar varen voortdurend talloze schepen door het Suezkanaal. Tijdens de oorlog tussen Egypte en Israël bleef het kanaal meer dan zes jaar lang gesloten en in 1974 werd het verbreed en uitgediept voor de doorvaart van grotere vrachtschepen.

Suez voeren: eindelijk waren de Rode Zee en de Middellandse Zee rechtstreeks met elkaar verbonden. Daar het enorme voor de voltooiing van de onderneming vereiste geldbedrag met behulp van bijdragen van buitenlands kapitaal werd verkregen, door de oprichting van de 'Compagnie van het Suezkanaal', verwierf deze voor 99 jaar de exclusieve exploitatierechten van het kanaal.
Het niet alleen commerciële, maar ook militaire en strategische belang van het kanaal, dat misschien in het begin onderschat was, groeide in de loop der jaren na zijn opening steeds meer en in 1875 besloot de Britse Kroon 44% van de aandelen van de Compagnie aan te kopen.
Enige jaren later, in 1888, onderschreven de belangrijkste Europese naties de Conventie van Constantinopel, die de vrijheid van scheepvaart door het kanaal en de neutraliteit ervan bekrachtigde.
In het begin van de jaren '50 kwam Nasser aan het bewind, wiens politiek een lijn van socialistische en nationalistische aard volgde en begon men de onafhankelijkheid van het Suezkanaal als een aanslag op de soevereiniteit van Egypte te beschouwen. Op 26 juli 1956 werd het Suezkanaal genationaliseerd en onttrokken aan de controle van de Compagnie, die het tot 1968 in beheer gehad zou moeten hebben.
Enige maanden later, op 5 november, reageerden de grootste Europese mogendheden, Frankrijk en Engeland, op de onteigening van Nasser door troepen langs de kanaalzone, naar Port Saïd, naar Port Foead en naar Ismailia te sturen, maar de tussenkomst van de Verenigde Staten en de Sovjetunie bij de Verenigde Naties maakte een eind aan deze actie en de Frans-Britse troepen waren eind december van datzelfde jaar gedwongen weer te vertrekken, terwijl Egypte de erkenning van zijn onschendbare soevereiniteit over het Suezkanaal verkreeg.
Ofschoon Nasser beloofd had zich aan de Conventie van Constantinopel te houden, hadden de Israëlische schepen geen recht op doorvaart door deze waterweg.
Deze toestand schiep een steeds grotere spanning, die uitliep op de blokkade van de Straat van Tiran

door de Arabische landen. Dit ontketende de reactie van Israël, de bekende 'Zesdaagse oorlog'.
Tijdens deze actie nam Israël bezit van de Sinaï en bereikte het Suezkanaal, dat, voor het eerst in zijn geschiedenis, meer dan zes jaar, tot begin 1974, gesloten bleef. Dankzij de hiernavolgende verdragen van Camp David werd het Suezkanaal in februari 1974 opnieuw geopend. Daarna begon men met nieuwe uitgravings-werkzaamheden om het kanaal te verdiepen en te verbreden en de Israëlische schepen verkregen het recht van doorvaart, zoals bij de verdragen van Constantinopel overeengekomen was. Nu is iedereen die naar Sinaï reist, natuurlijk verplicht het kanaal over te steken. Vroeger kon deze oversteek uitsluitend door talrijke veerboten ten noorden van Suez, ten noorden van Ismailia, in el-Ferdan en in el-Qantara gemaakt worden. Om deze oversteek eenvoudiger te maken, werd in 1980 een 1600 m lange tunnel geopend.
Deze loopt onder het kanaal door, waardoor een snellere verbinding dan met de veerboten, die toch dienst blijven doen, wordt verzekerd.
De tunnel, waarvan de bouwwerkzaamheden vijf jaar duurden, werd aan de herinnering van een in 1973, tijdens de Oktoberoorlog, gesneuvelde officier van het Egyptische leger gewijd: Ahmed Hamdi.

PRAKTISCHE INFORMATIE
De Ahmed Hamditunnel is iedere dag van 6 tot 22 uur geopend; voor de doorgang van de tunnel moet u een kaartje kopen, dat 1 Egyptische pond per auto kost. De autoriteiten kunnen naar uw paspoort, rijbewijs of autopapieren vragen. De veerboten zijn gratis en doen ononderbroken dienst.

NOORD-SINAI

Het noordelijke gedeelte van het Sinaï-schiereiland, waarlangs het water van de Middellandse Zee stroomt, omhelst een gebied dat zowel rijk is aan natuurschoon als aan belangrijke archeologische sporen.
Dit uitgestrekte gebied is bijna onbekend voor het toerisme, door de tamelijk gebrekkige infrastructuur, maar vooral door de bijna volledige afwezigheid van informatie in gidsen en publicaties over het schiereiland van de Sinaï. Het wordt genegeerd door het merendeel van de toeristen en is praktisch uitgesloten van de programma's van de grote touroperators. Niettemin zullen degenen die zullen besluiten de Noord-Sinaï te 'verkennen', zeker in verwondering raken door de schoonheid van het landschap en de rijkdom aan archeologische getuigenissen in een gebied dat tot de tijd van de farao's van enorm strategisch belang was –hier liep dan ook de zogenoemde 'Horoweg' waarover de farao's tijdens de militaire veldslagen met hun legers naar het Oosten trokken– en dat daarna belangrijke steden zag opbloeien, die zich vooral in de Perzische en in de Grieks-Romeinse tijd ontwikkelden.
Door de noodzaak nieuwe gebieden te ontginnen om het hoofd te bieden aan de duizelingwekkende groei van de Egyptische bevolking, met als gevolg hiervan het bouwen van nieuwe wegen, nieuwe kanalen en nieuwe stadscentra volgens een door de Egyptische regering in 1990 besloten plan, zijn vele archeologische locaties in de Noord-Sinaï helaas gedoemd te verdwijnen.
Op initiatief van de *Egyptian Antiquities Organization* is in 1992 een plan uitgewerkt om de gevaar lopende gebieden te redden door middel van het organiseren van uitgravingen, geleid door talrijke Egyptische en buitenlandse archeologen.
Dankzij hun werk worden belangrijke nieuwe gegevens met betrekking tot de kennis van de geschiedenis van deze streek verkregen.

22 De ruïnes van de stad Pelusium, die zich uitstrekken over een bijzonder groot gebied in de oostpunt van de Nijldelta, zijn het object van belangrijke archeologische opgravingen. De stad Pelusium oefende controle uit op de wegen van Egypte naar het Oosten en was tussen de 7e v. Chr. en de 6e eeuw na Chr. een bijzonder belangrijke stad.

Routes

VANAF HET SUEZKANAAL TOT EL-ARISH (KUSTWEG)

De geasfalteerde weg, die evenwijdig aan de Middellandse-Zeekust van de Sinaï loopt en het Suezkanaal verbindt met de stad el-Arish, de hoofdstad van Noord-Sinaï, en reikt tot Rafah, waar de grens met Israël ligt, begint ter hoogte van de stad el-Qantara Sharq ('oostelijk el-Qantara').
Deze plaats bereikt u zowel over de weg vanaf de A.H.-tunnel naar het noorden langs het Suezkanaal, als met de veerboot over het kanaal ten noorden van Ismailia in el-Qantara-Gharb ('westelijk el-Qantara').
Nadat u door de nieuwe, in aanbouw zijnde stad, New Qantara Sharq, bent gereden, die in de buurt van de archeologische locatie Tell Aboe Seifa ligt, bereikt u een controlepost en komt u vervolgens ter hoogte van de opgraving van Tell el-Herr, bij het dorp Galbana, die zich over een oppervlakte van ongeveer 30 hectare uitstrekt en door vele geleerden als het in de Bijbel geciteerde 'fort van Migdol' wordt erkend. 16 km vanaf de controlepost, vlak voor het dorpje Balouza (waarvan de naam rechtstreeks van het Griekse Pelousion stamt) kruist de weg aan de linkerkant de asfaltweg, die door een groot bord wordt aangegeven en naar Tell el-Farama leidt. Deze plaats komt overeen met de oude stad *Pelousion*, de belangrijkste archeologische locatie van de Noord-Sinaï, waar op het moment de *Egyptian Antiquities Organization* een uitgebreid en belangrijk opgravingsproject leidt. Nadat u enkele kilometers in noordelijke richting hebt afgelegd, komt u in de archeologische zone, die aan beide zijden van de weg ligt.

PELUSIUM, DE 'POORT VAN EGYPTE'

Het huidige Tell-el-Farama was een verdedigingsstad, die ten tijde van de farao's Permun 'dat wat Amon gemaakt heeft' heette, en deze oude naam overleeft in het huidige Farama, ook al is de plaats meer bekend onder de Griekse naam *Pelousion*, 'het moeras', dat wij weer terugvinden in de plaatsnaam van het nabije dorpje Balouza. Deze stad, waarlangs de oostelijke arm van de Nijldelta stroomde, de zogenoemde 'Pelousionarm', werd reeds in de 7e eeuw v.Chr. als de 'poort van Egypte' beschouwd, omdat hij de toegang tot de delta in het oosten controleerde. Pelusium werd een steeds belangrijker centrum, eerst tijdens de Perzische tijd en daarna tijdens de 30e dynastie en de Ptolemeïsche periode. In Pelusium vestigden zich tegen de 2e en 1e eeuw v. Chr. joden en Romeinen en hier kwam de Heilige Familie aan op de vlucht uit Palestina. Na een tijd van ontluistering werd Pelusium weer belangrijk tussen de 1e en 3e eeuw na Chr. en het werd een levendig cultureel centrum toen de stad, na het bezoek van keizer Hadrianus (38 v. Chr.) tot 'Romeinse Stad van het Oosten' werd uitgeroepen. Hierna bezocht ook Diocletianus de stad Pelusium. In de 4e eeuw, ten tijde van Constantijn, werd de stad zetel van een bisdom, hoofdstad van een nieuwe provincie die het noorden van de Sinaï en de oostelijke delta omhelsde en een verplichte pleisterplaats was voor alle pelgrims die vanuit het Heilige Land de Sinaï bezochten. Van deze godsdienstige vervoering getuigen de talrijke kerkgebouwen die door de opgravingen zijn blootgelegd, zoals de grote kerk met drie schepen in Tell el-Makhzan, het oostelijke uiteinde van Pelusium. In de 6e eeuw, ten tijde van Justinianus, was Pelusium nog steeds een belangrijke haven, maar daarna leidde de steeds voortschrijdende verzanding tot het onvermijdelijke verval van de havenstad Pelusium en tot zijn vergetelheid.

Als u weer terug bent op de hoofdweg naar el-Arish komt u na ongeveer 13 km in het dorp Roemana. Vanaf dit dorp kunt u, als u een asfaltweg inslaat, de Middellandse-Zeekust bereiken, die voor een groot gedeelte van de open zee wordt gescheiden door een smalle zandbank en zo een grote lagune vormt met een oppervlakte van meer dan 60.000 hectare, die het Bardawilmeer wordt genoemd. Het is een beschermd gebied dat met het oog op de natuur van groot belang is, omdat het een rustplaats en een belangrijke broedplaats is voor talloze trekvogels. Door de oude schrijvers *Lacus Sirbonis* genoemd, heeft het Bardawilmeer zijn naam te danken aan een verbasterde Arabische schrijfwijze van de naam 'Boudewijn'. Het schijnt dat er ten tijde van de eerste kruistocht, geleid door koning Boudewijn, een fort in de buurt van de lagune gebouwd was. Het gebied van het Bardawilmeer is ook van bijzonder historisch belang, omdat het aan de belangrijkste weg lag, die Egypte met het Oosten verbond en die volgens de aanhangers van de zogenoemde 'noordelijke route' van de uittocht overeenkomt met de plaats waar de door het leger van de farao nagejaagde joden de 'doorgang door de Rode Zee' maakten. De Bijbel (Exodus, 14) noemt de plaats van de oversteek dan ook *gam sul*, waarvan de juiste vertaling 'rietzee' is en niet Rode Zee, zoals oorspronkelijk vermeld. Deze aanduiding 'rietzee' kan op twee verschillende streken duiden, die van de meren Amari en Timsah, die tegenwoordig door het Suezkanaal worden doorkruist, en die van het Bardawilmeer. De eerste locatie wordt als de klassieke route van de uittocht beschouwd, terwijl de aanhangers van de 'noordelijke route' geneigd zijn het Bardawilmeer te kiezen en, niet zonder reden, beweren dat in het eerste geval het Egyptische leger gemakkelijk de hindernis had kunnen omzeilen en de vluchtelingen bij hun aankomst aan de andere kant van de moerassen van de Amari-meren had kunnen opwachten. Het strategische belang van het Bardawilmeer wordt niet alleen door de aanwezigheid van de vestingsteden, die de toegang naar het westen beheersten, bevestigd, maar ook door ter hoogte van de lagune gebouwde nederzettingen. De kuststrook waaraan het ontstaan van het Bardawilmeer te danken is, bestaat uit een smalle zandtong, die ten oosten beheerst wordt door een hoog duin, dat el-Guels heet en geidentificeerd kan worden met *Mons Kasios* (ter ere van Jupiter Kasios) van de klassieke schrijvers en overeenkomt met de oude kustlijn voordat het water van de Middellandse Zee de lagere gedeelten van de kust binnenliep. Dit gebeurde als gevolg van een verhoging van het zeeniveau van de planeet, bekend onder de naam *'flandriaanse (=laatste periode van*

23 De door talrijke grasachtige struiken begroeide zandduinen, waar kamelen grazen, zijn deel van het typische landschap van de noordkust van de Sinaï.

het Quartair) transgressie', die in het quartaire tijdperk plaatsvond, ongeveer 8000 jaar geleden. Op deze zandbank zijn dankzij recente onderzoekingen de plaats van de oude haven van *Gerrah* bij de huidige landtong van Mohammedia geïdentificeerd, evenals een fort dat dateert uit de 1e Tussenperiode en ten tijde van Sethi I werd herbouwd, waarvan de identiteit als het oude *Tcharu* op de plaats Tell Hebua is vastgesteld. Als u verder over de hoofdweg rijdt, die door een woestijnlandschap voert met duinen van goudkleurig zand, waarop dichte grasstruiken groeien en soms bosjes hoge palmen, kunt u dikwijls groepen bedoeïenen tegenkomen. Deze behoren in de regel tot de Soewarka-stam en wonen in hutten en tenten in de buurt van de talrijke waterbronnen niet ver van de weg. Na 34 km vanaf Roemana komt u in een bedoeïenendorpje dat Bir el-Abd, 'de put van de slaaf' heet, vanwaar een weg naar het zuiden loopt. Over deze weg kunt u de archeologische locatie Kasserwit bereiken, waar de opgravingen overblijfselen uit de Romeinse tijd en sommige van tempels en graftombes uit de Nababteïsche tijd aan het licht brachten.
Nadat u Bir el-Abd voorbij bent en nog ongeveer 50 km hebt afgelegd, ziet u links een weg die naar het natuurgebied Zaranik leidt, aan de oostpunt van het Bardawilmeer en het vissershaventje Floesya (plaatsnaam afkomstig van het arabische woord *filus*, 'geld', waarschijnlijk omdat de bedoeïenen in deze plaats talrijke Romeinse munten gevonden hadden). Hier bevinden zich de ruïnes van de Romeinse nederzetting *Ostrakine* en van twee Byzantijnse kerken.
De streek van Zaranik, bevolkt door talloze trekvogels, is bijzonder interessant voor vogelobservatie, vooral in de maanden september-oktober en maart-april. Ofschoon de toegang tot het Bardawilmeer erg beperkt is, met het oog op de bescherming van de fauna, kunt u een bezoekersvergunning aanvragen bij de *North Sinaï Governatorate Environmental Office* in el-Arish.
Als u verder over de hoofdweg rijdt, die steeds dichter bij de Middellandse-Zeekust komt en waarlangs op verschillende plaatsen hoge palmen staan, komt u na 23 km vanaf de tweesprong naar Zaranik (140 km van de controlepost in el-Qantara) bij de controlepost in de buitenwijk van el-Arish, waar ook een benzinestation is en de weg naar het vliegveld begint.
Als u naar de stad wilt, moet u nog ongeveer tien km doorrijden om in het centrum en bij de belangrijkste hotels, de enige in de hele streek, te komen.

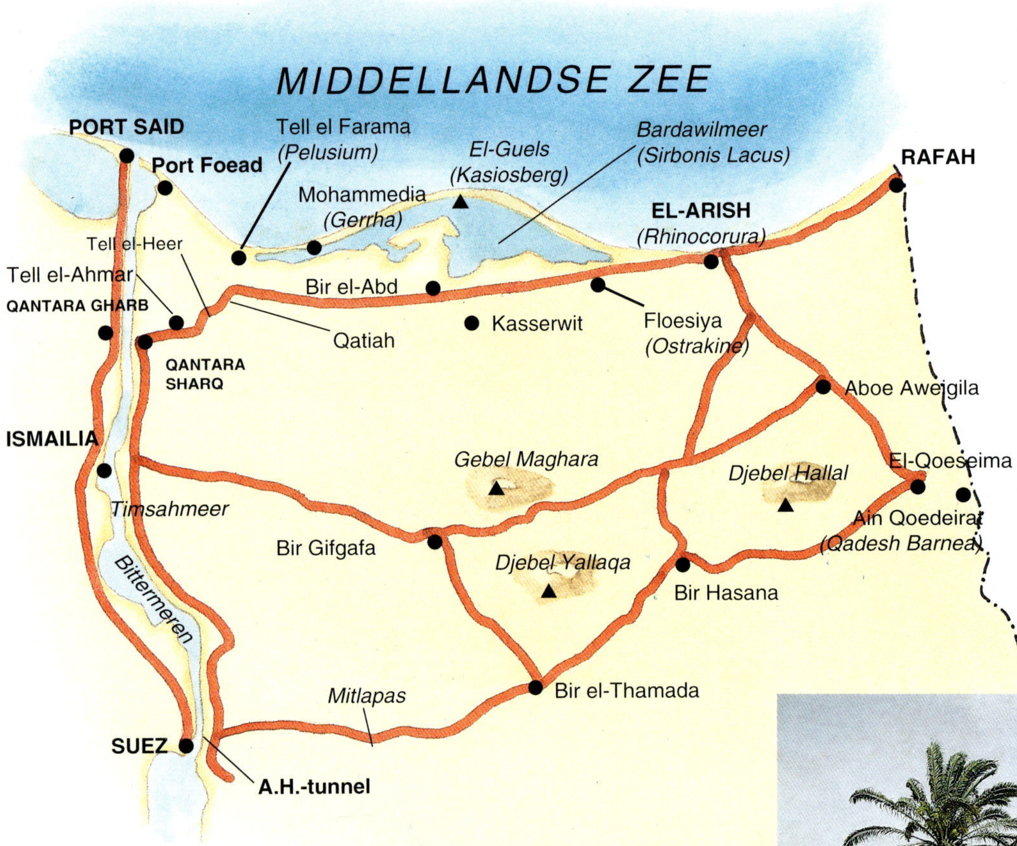

24 Het beroemde palmbos dat eens een van de mooiste attracties was van het strand van el-Arish, de antieke stad Rhinocorura en nu de regeringshoofdstad van Noord-Sinaï werd grotendeels gekapt om plaats te maken voor nieuwe huizen en toeristenfaciliteiten.

25 Twee bedoeïenen met op het hoofd de typische kafya *reizen net als vroeger op hun kamelen door de woestijn.*

El-Arish, zetel van het gouverneurschap van Noord-Sinaï, heeft ongeveer 70.000 inwoners en is niet alleen de belangrijkste stad, maar ook de grootste badplaats van deze streek. Deze badplaats

heeft zijn naam te danken aan het onmetelijke strand, dat door een prachtig palmbos werd begrensd, dat nu helaas slechts een herinnering is, omdat de hoge palmen plaats hebben moet maken voor het beton van de talrijke, sinds kort verrezen gebouwen. De meest oostelijke voorpost van het rijk van de farao's is el-Ariosh, waarschijnlijk het fort uit de Romeinse en Ptolemeïsche periode *Rhinocorura*, grensplaats waar dikwijls ballingen naar toe werden gestuurd. Op de overblijfselen van deze nederzetting werd in de Middeleeuwen een vestingstad gebouwd, die echter in 1482 bij een bezoek door de reiziger Joos van Ghistele blijkbaar al niet meer bestond.
Hierna werd er in 1560 door sultan Soeleiman el-Khanoeni een nieuw fort gebouwd, dat tijdens de Eerste Wereldoorlog door een bombardement werd verwoest. De weinige overblijfselen kunnen bezichtigd worden in de wijk Foeakhariya, waar iedere woensdag de bedoeïenenmarkt wordt gehouden.
Ook al beschikt el-Arish niet over een bijzonder landschap of natuurschoon, het is toch interessant deze stad te bezoeken, vanwege de rijkdom aan bedoeïenenkunstnijverheid en omdat er een etnografisch museum staat dat beslist de moeite waard is. Dit museum is gewijd aan de bedoeïenenbeschaving van de Sinaï, *het Sinaï Heritage Museum*, en ligt in het oostelijke gedeelte van de stad, in de buurt van de gouverneursgebouwen langs de weg naar de grensplaats Rafah. Als u voorbij het museum en de kruising bent gereden, waar de weg begint die eerst naar het vliegveld en dan naar el-Quseima, Nakhl of naar Ismailia leidt (zie route el-Arish-Suez), komt u na 30 km in het dorp Sheikh Zoeweid. In deze buurt bevindt zich een archeologische opgraving van de Romeinse tijd, die nog niet systematisch is opengelegd. Hier werden ook het prachtige mozaïek van Sheikh Zoeweid, uit de 4e eeuw na Chr., gevonden, dat nu in het Museum van Ismailia te bezichtigen is.

Vanaf Sheikh Zoeweid kunt u een mooi strand bezoeken dat overheerst wordt door een pilaar in roodgraniet, afkomstig van de Djebel Moesa. De pilaar werd hier door de Israëliers neergezet om de bemanning van een in 1971 neergestorte helikopter te herdenken. Als u ongeveer 14 km oostwaarts doorrijdt, komt u in Rafah aan, een dorpje op de uiterste oostpunt van de Egyptische kust. Ten noorden van de huidige bebouwde kom is de oude (maar nog niet uitgegraven) Ptolemeïsche en Romeinse plaats *Rafia* ontdekt.
Hier vond in 217 v. Chr. de slag plaats waarin het leger van Antioco III van Syria door de troepen van Ptolemeus IIV Filipator werd verslagen. In Rafah ligt ook de grens met Israël, die hier naar het zuiden doorloopt tot Taba in de Golf van Akaba en de oude grenslijn volgt tussen de Sinaï en het Ottomaanse Rijk, die ook nog in 1906 door Groot-Brittannië werd aangehouden.

VAN EL-ARISH NAAR HET SUEZKANAAL (BINNENWEG)

Ter hoogte van de oostelijke punt van el-Arish, waar zich het museum en de gouverneursgebouwen bevinden, begint een weg die naar het zuidwesten loopt, eerst naar het vliegveld dat op ongeveer 10 km van de stad ligt, en dan, na nog eens 10 km, tot aan een tweesprong. Hier vandaan komt u, als u de weg links naar het zuidwesten neemt, in de dorpen Aboe Aweigla en el-Quseima en hier vandaan bereikt u via de weg in oostelijke richting de belangrijke archeologische zone van Ain Qudeirat, die de bijbelse plaats Qadesh-Barnea geweest zou kunnen zijn. Vanuit deze plaats zond Mozes zijn gezanten om het land van Kanaän te verkennen: het is een tamelijk groot gebied, de opgravingen hebben bouwwerken blootgelegd die vroeger drie forten vormden, die tussen de 10e en 6e eeuw v. Chr. werden gebouwd.
Als u daarentegen de weg rechts in zuidwestelijke richting neemt, komt u na 38 km op de weg die rechtstreeks van het dorp Aboe Aweigla afkomt en na nog eens 4 km komt u bij een tweesprong. Als u na deze tweesprong in zuidelijke richting verder rijdt, bereikt u eerst Bir Hasana en dan het stadje Nakhl, waar de weg samenkomt met de van de A.H.-tunnel afkomende weg, die naar Taba-Noeweiba loopt.
Als u in westelijke richting verder rijdt, loopt de weg langs de zuidkant van de Djebel Maghar (niet te verwarren met de berg met dezelfde naam die zich in het zuidelijke deel van de Sinaï bevindt), die bestaat uit kalk-

steenformaties uit de Krijtperiode, en komt u in de oase Bir Gifgafa aan.
Hier vandaan liep een weg, nu door de hoge duinen onderbroken, die naar de kust naar Bir-el-Abd voerde.
Van Bir Gifgafa loopt de weg naar het westen over de Khatmiapas en wordt na ongeveer 55 km met de weg die langs het Suezkanaal loopt, verbonden.

DE WESTKUST VAN DE SINAI

A.H.-TUNNEL – EL-TOR SHARM EL-SHEIKH

De westkust van de Sinaï grenst aan de Golf van Suez: het noordelijke gedeelte is laag en zanderig, terwijl het zuidmidden wordt overheerst door bergachtige uitlopers van het Sinaïmassief, bestaande uit kalksteenformaties, die behoren tot de evaporietreeks. De geologische geschiedenis van de Golf van Suez verschilt nogal van die van de Golf van Akaba en de afwezigheid van grote tektonische verschijnselen verklaart waarom hij zo ondiep is. De aanmerkelijke vervuiling van de Golf van Suez, waar talloze schepen doorvaren die het kanaal in- en uitgaan, de aanwezigheid van teer op de stranden en de bijna volkomen afwezigheid van koraalformaties maken de westkust zeker minder interessant en mooi dan de oostkust, ook al zijn er langs deze route ook plaatsen die een zekere aantrekkingskracht hebben. Via deze route kunt u snel zowel St.-Catharina via Wadi Feiran als via Ras Mohammed en Sharm el-Sheikh bereiken.

Route

Nadat u de Ahmed Hamdi-tunnel bent doorgereden, komt u eerst over het grote kruispunt waar de weg begint, die via Nakhi naar Noeweiba leidt, voorafgegaan door een benzinestation (5,5 km) en dan een tweesprong (16,5 km), waarbij u links aan moet houden en de aanwijzingen voor el-Tor moet volgen. De weg loopt door een eentonige en verlaten vlakte, waar u vele resten van de oorlog met Israël tegenkomt: wrakstukken van pantservoertuigen, overblijfselen van artillerie-opslagplaatsen, wrakken van militaire vrachtwagens, bunkers en ruïnes van militaire verdedigingswerken.
Deze oorlogsresten vormen echt een soort 'openluchtmuseum', vooral in de omgeving van het kleine koffiehuis, dat even voor Ayoen Moesa ligt. 26,5 km na de tunnel en 2 km voor een controlepost van het Egyptische leger bevindt zich rechts de plaats Ayoen Moesa, 'de Bronnen van Mozes', waar Mozes, volgens de overlevering, na de overtocht van de Rode Zee zijn tenten opsloeg en op wonderbaarlijke wijze water uit het zand liet opwellen. Ayoen Moesa was ook een van de rustplaatsen op de landroute die door de pelgrims op de terugweg van hun pelgrimstocht naar Mekka werd afgelegd. Te midden van een dichte groep palmen en tamarisken (ongeveer 250 m van de weg) kunt u enkele ronde zoutwaterputten zien. Slechts één

bron, die op ongeveer een kilometer ten zuidwesten van de palmgroep en lager ligt, geeft zoet water in overvloed, de hoge temperatuur hiervan duidt op de oorsprong als warmwaterbron. Het water van deze bron wordt echter gewonnen en gebruikt door de plaatselijke bedoeïenen. Ayoen Moesa heeft een rijke vogelwereld en fungeert als rustplaats tijdens de trek van talrijke soorten roofvogels.
Voorbij Ayoen Moesa loopt de weg verder door een eentonig en met afgedankt oorlogsmaterieel bezaaid landschap: door de landmijnen en mijnenvelden in het land langs de weg is het hier gevaarlijk te de asfaltweg verlaten.
Hierna komt u in Ras Soedr (61 km van de tunnel), waar enige grote depots duiden op de aanwezigheid van een belangrijke petroleumraffinaderij. Een benzinestation, een bandenverkoper en een koffiehuis bevinden zich op de kruising van de weg naar het stadje Ras Soedr, terwijl ten westen, bij het strand, het Soedr Beach Hotel ligt. Als u 4 km voorbij Ras Soedr bent gereden, in Aboe Soweira, ziet u links de weg die naar het indrukwekkende Fort van Qalaat-el-Qundi, het 'Fort van de Soldaat', leidt.
Dit verdedigingswerk werd gebouwd door sultan Salah-el-Din (zie route). De weg komt nu in de uitgestrekte Wadi Wardan en het landschap wordt beheerst door een reeks zandduinen.
U bereikt dan Ras Materma (81,5 km van de tunnel), met een breed strand met een camping en het toeristendorp Dagashland.
Nadat u een lang strand voorbij bent gereden (100,5 km van de tunnel) en de landtong van Ras Malaab, loopt de weg tussen de kust en de bergen door.
De bergketen vertoont al de evaporiet- en krijtrotsen die kenmerkend zijn voor deze streek en de aangrenzende streek van Wadi Gharandal. Rechts, op 110 km van de tunnel, kunt u een weggetje zien dat naar de plaats Hammam Faraoen Maloen, de 'Baden van de vervloekte farao' voert. Volgens de legende zou de vervloekte farao degene zijn die met zijn wagens de joden op de vlucht door de Rode Zee achtervolgde en door het water werd meegesleurd en met zijn gehele leger verdronk. In deze bijzonder mooie plaats, overheerst door een hoge, piramidevormige kalksteenberg, welt warm zwavelwater op (het gaat hier om een bronverschijnsel dat door contactwerking is gevormd) dat rechtstreeks in zee stroomt
Houd er rekening mee dat Hammam Faraoen om 18 uur sluit. Om naar het strand te kunnen gaan, moet u uw autopapieren bij een militaire controlepost achterlaten.
Na 7 km vanaf het weggetje naar Hammam Faraoen komt u links voorbij de afslag die naar de kleine oase Wadi Gharandal leidt en bereikt u de streek van de Wadi Tayiba (134 km vanaf de tunnel), gekenmerkt door een groep palmen en een pad waarover u door de wadi kunt rijden en de ongeschonden natuur en het fascinerende landschap kunt bewonderen, dat het water uit de mergelkalksteen en de

27 boven
Op deze foto zijn de beroemde bronnen Ayoen Moesa te herkennen, de 'Bronnen van Mozes', waar Mozes volgens de overlevering zijn volk, dat uit Egypte vluchtte, liet rusten en van zout water drinkwater maakte.

27 midden
Wrakstukken van tanks en pantservoertuigen, vrij talrijk in de streek van Ayoen Moesa, getuigen van de hevige gevechten tussen de Egyptische en Israëlische legers en vormen een soort 'openlucht-oorlogsmuseum'.

27 onder
De bergen langs de westkust van de Sinaï bestaan voor het merendeel uit afzettingsgesteenten zoals kalksteen en zandsteen.

Mioceenmergel modelleerde. Deze lagen liggen hier duidelijk aan de oppervlakte. De oase Taiyba, die tot voor de Tweede Wereldoorlog een belangrijk karavaan- en handelscentrum was, ligt op ongeveer 4 km afstand. De weg bereikt nu de poorten van de stad Aboe Zenima (145,5 km van de tunnel), waar u een benzinepomp, een automonteur en enkele bescheiden winkels, maar voldoende om u van proviand te voorzien, kunt vinden. Aboe Zenima was aan het begin van deze eeuw een belangrijk industriecentrum, vooral door de aanwezigheid van de mineraalmijnen voor het winnen van

mangaanerts, kopererts en krijt. Vanaf Aboe Zenima (om precies te zijn 2,5 km na de benzinepomp in zuidelijke richting) loopt het pad van de Wadi Matalla, dat de eenvoudigste toegang tot de plaats Serabit el Khadem (zie route) vormt.

Na een rit van bijna 10 km vanaf Aboe Zenima bevindt zich ongeveer ter hoogte van een kleine oase een controlepost van het leger (154,5 km vanaf de tunnel) en de oude haven van el-Markha (naam die afkomstig is van het Arabische woord *maghara*, oftewel 'mijn'), ten tijde van de farao's in gebruik voor het inschepen van het koper en turkoois van de vrij dichtbij gelegen mijnen in de streek van Serabit en Maghara. Nu loopt de weg door het grote industriecentrum van Aboe Roedeis (165 km van de tunnel), waar grote petroleumraffinaderijen zijn gevestigd. Aboe Roedeis is voor ons slechts interessant door de aanwezige faciliteiten (benzinepomp, automonteur, postkantoor, telefoon, bank, winkels).

Onmiddellijk ten zuiden van de stad (op ongeveer 2 km) begint de weg die door de Wadi Sidri klimt en naar de turkooismijnen van de Wadi Maghari leidt.

Ten slotte komt u op het grote kruispunt uit waar de weg naar St.-Catharina begint en die geheel door de majestueuze Wadi Feiran loopt (zie route).

Ter hoogte van de kruising, op

28 rechtsboven
In Hammam Moesa, even voor de stad el-Tor, welt warm en zwavelhoudend bronwater op, dat in enkele bekkens in de schaduw van de talrijke palmen wordt geleid.

28 linksboven
Twee bedoeïenenvrouwen waden door het warme bronwater dat in het zand van de plaats Hammam Faraoen Maloen opwelt, de 'Baden van de vervloekte farao', met een duidelijke verwijzing naar de farao die de joden op de vlucht achtervolgde en volgens de overlevering door de goddelijke toorn werd getroffen en door het water van de Rode Zee werd meegesleurd.

28 linksmidden
Een brede asfaltweg loopt langs de westkust van de Sinaï en verbindt de Ahmed Hamdi-tunnel met de stad el-Tor.

28 linksonder
De kalksteenrotsen van deze streek tonen de tekenen van de tijd en de voortdurende verweringsinvloeden.

202,5 km van de tunnel, zijn een militaire controlepost en een groot koffiehuis met restaurant. Als u verder in zuidelijke richting over de hoofdweg rijdt, komt u na 56 km op de tweesprong die naar de oase Hammam Moesa (de 'Baden van Mozes') leidt, aan de voet van de Djebel Hammam Moesa, en aan de uitgang van de Wadi el-Tor, waar zwavelbronwater met een temperatuur van ongeveer 27°C opwelt en in enkele grote bekkens in de schaduw van de prachtige palmen wordt opgevangen. Volgens sommige geleerden zou Hammam Moesa de plaats zijn die overeenkomt met de bijbelse plaats *Elim,* beroemd door de rijkdom van zijn bronnen. Op deze plaats, waar het water geneeskrachtige eigenschappen heeft die de bedoeïenen al goed kenden, liet de kedive Abbas I een paleis bouwen, waarvan nu niets meer over is, terwijl men het grote kunstmatige bassin, dat nu nog steeds het bronwater opvangt, aan zijn oom en opvolger Said Pasha heeft te danken. In de jaren '80 werd Hammam Moesa tot een echt kuuroord omgebouwd en de plaats werd definitief gerestaureerd, ook al werden de onderhoudswerkzaamheden helaas niet goed uitgevoerd, zodat deze op zich aantrekkelijke plaats half verwaarloosd is. Indien u echter verder over de hoofdweg rijdt, komt u na ongeveer 3 km in de stad el-Tor, die nu de regeringshoofdstad van de Zuid-Sinaï is. De naam el-Tor komt van het Griekse *to oros*, 'de berg', zoals de eerste monniken deze plaats noemden, met het oog op het feit dat op deze plaats het berggebied zich bijna tot aan de zee uitstrekt. De oude stad el-Tor ontwikkelde zich oorspronkelijk rond de baai, die een natuurlijke haven van groot belang vormde dankzij de strategische ligging aan de ingang van de Golf van Suez, waardoor men het koopvaardijverkeer in noordelijke richting kon controleren: bij tegenwind deden de schepen die in moeilijkheden raakten bij het terugvaren naar Suez de haven van el-Tor aan en hier werd dan de handelswaar gelost en over land verder vervoerd. El-Tor was tegelijkertijd een belangrijke pleisterplaats voor pelgrims die op reis waren naar Mekka: hier werd dan ook een lazaret gebouwd, zodat de pelgrims hier de verplichte quarantaineperiode konden doorbrengen. In de nabijheid van de haven werd ook een aan St.-Jakob gewijd klooster gesticht, een dependance van het St.-Catharinaklooster, dat vandaag de dag nog steeds geopend is. De eerste monniken vestigden zich al heel vroeg, waarschijnlijk in het begin van de 4e eeuw, in de streek van Wadi el-Tor, dat in de Oudheid *Reithou* heette: hier werd in de 6e eeuw het eerste klooster gebouwd, waarvan de ruïnes kortgeleden zijn opgegraven en gedeeltelijk gerestaureerd. Nadat u door de moderne stad el-Tor bent gereden, loopt de weg weer in noordelijke richting evenwijdig aan de kust, op enkele kilometers van de Golf van Akaba. Op 110 km van el-Tor (450 van de A.H.-tunnel) komt u rechts de weg tegen die van het Nationale Park van Ras Mohammed komt; nadat u nog 20 km verder bent gereden, komt u aan bij de controlepost van het Egyptische leger, aan de ingang van Sharm el-Sheikh, waar u uw paspoort moet laten zien. Na de Egyptische controlepost, gevolgd door een controlepost van de MFO (bij deze laatste wordt niet naar documenten gevraagd), loopt de weg af en gaat langs de baai van Sharm el-Sheikh, waar de handels- en de militaire haven liggen en dan de aangrenzende inham Sharm el-Maiya, een toeristenhaven met talrijke hotels en duikcentra. Hier begint de stad Sharm el-Sheikh.

29 Deze twee landschappen zijn typisch voor de westkust van de Sinaï: de zachte kalksteensoorten van het Tertiair, waaruit de bergen van deze streek bestaan, vertonen de duidelijke tekenen van de meteorische erosie, terwijl overvloedige kleihoudende lagen in de schiervlakte, het water dat van de berghoogten komt, vasthouden en soms kleine oases vormen.

30 boven
De Djebel Matalla, met de wonderlijke kegelvorm en de diep door erosie ingekerfde hellingen, markeert het begint van de weg, die vroeger geasfalteerd was, die vanaf Aboe Zenima door de Wadi Matalla loopt en het mijngebied Bir Nasib bereikt.

30 midden
De oostwand van het rotsbolwerk waarop zich de tempel Serabit el-Khadem bevindt, verrijst boven een woest en onherbergzaam gebied.

30 onder
De ruïnes van de tempel Serabit el-Khadem zijn rijk aan stèles en basreliëfs, die heel dikwijls aan de godin Hathor, 'Vrouwe van de turkoois' zijn gewijd, die hier aanbeden werd.

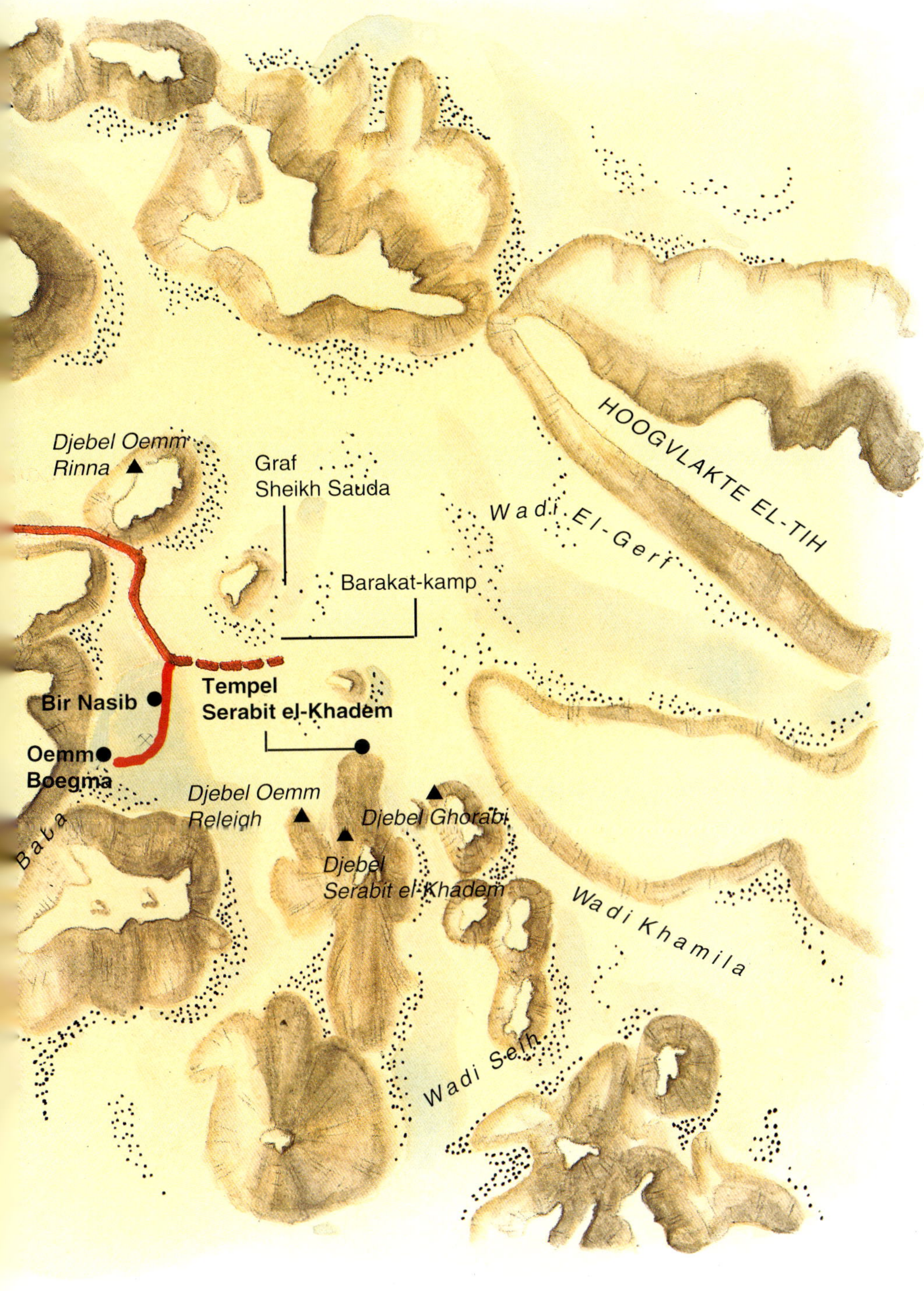

DE TEMPEL SERABIT EL-KHADEM EN DE TURKOOISMIJNEN

Twee kilometer na de benzinepomp in Aboe Zenima ziet u links het begin van een asfaltweggetje dat in oostelijke richting langs Wadi Matalla loopt naar de tempel Serabit El-Khadem. Dit is ongetwijfeld de eenvoudigste toegangsweg naar Serabit, dat samen met de ruïnes van de stad Pelusium de belangrijkste archeologische locatie van de Sinaï vormt. Als u deze route volgt, ook al maakt in het laatste stuk asfaltweg plaats voor stukken onverharde weg, soms zandweg, kunt u deze plaats ook zonder een jeep bereiken. Nadat u de Djebel Matalla voorbij bent, waar de rotsen van zacht, mergelachtig kalksteen uit het Tertiair interessante erosievormen vertonen, loopt de weg zonder verdere omleidingen naar een kleine pas en hierna plotseling in een zuidwaartse bocht naar de Wadi Nasib. Hier begint het moeilijkste gedeelte van de route en gaat de weg over een afwisselend steenachtig en zanderig terrein. Als u links aanhoudt, moet u de weg enkele kilometers tot een wit islamitisch gebouwtje op een heuveltje volgen. Als u deze sheikh voorbij bent, komt u bij bedoeïenenhuizen van de Barakatastam, die hier wonen en de kost verdienen door als gidsen te werken en gastvrijheid te bieden aan de toeristen. Vanaf de bedoeïenennederzetting kunt u de tempel Serabit el-Khadem te voet bereiken langs twee routes, die u in ongeveer drie uur, zowel aan de westelijke als aan de oostelijke kant, af kunt leggen. Het beste is een ringvormige weg te volgen en voor deze excursie de hele dag uit te trekken. Zo kunt u 's morgens bijtijds de oostelijke kant beklimmen en 's middags weer langs de westelijke kant van de hoogvlakte afdalen: zo hebt u altijd goed licht, wat bijzonder belangrijk is om de talrijke en zeer interessante basreliëfs goed te kunnen bekijken die u vooral bij de afdaling langs de westelijke zijde tegenkomt. De tempel Serabit el-Khadem bevindt

32 Deze foto geeft een overzicht van de tempel Serabit el-Khadem, die op een hoogvlakte van 850 m boven de zeespiegel ligt.

33 Een stuk ruw turkoois, gevonden in de streek van Serabit, onthult de waardevolle schoonheid van deze erts.

zich op 850 m hoogte op een hoogvlakte die met een machtige rotsmassa wordt afgesloten en ten noorden begrensd wordt door Wadi Sawik, ten westen door Wadi Bata, ten oosten door Wadi Sarbout in het zuidoosten door Djebel Ghorabi (992 m), bedekt door een grote basaltkap en ten slotte in het zuiden begrensd door de Djebel Serabit el-Khadem (1096 m). Op deze landtong, diep door de invloed van de weersomstandigheden afgesleten en bestaand uit kalksteen uit het Devoon en uit de bovenste Krijtperiode, liggen de schistbovenlagen, die rijk aan turkoois zijn, bijna aan de oppervlakte. De turkooismijnen zijn in een min of meer cirkelvormig gebied met een middellijn van 1,2 km te zuidwesten van de tempel geconcentreerd: u kunt enkele gangen, putten en tunnels met inscripties die grotendeels dateren van het Middenrijk bezichtigen, ook al gingen de delvingswerkzaamheden ook hierna nog door. In het bijzonder de inscripties dateren van de tijd van Amenemhat II (jaar 17 en 24 van het rijk), Amenemhat III, Thoetmosis IV. Een andere zeer belangrijke groep grote mijnen, die in de 12e dynastie gedateerd kunnen worden, bevindt zich ten noordwesten van de tempel, in de buurt van Wadi Dhaba en aan de linkerflank van de Wadi zelf.

Aan de westelijke zijkant van de hoogvlakte, bijna op dezelfde hoogte als de tempel, maar op de tegenoverliggende helling van de hoogvlakte, die boven Wadi Bata ligt, bevindt zich eveneens een in de rots uitgehouwen kapelletje, afkomstig uit de tijd van het Nieuwe Rijk. De tempel, gelegen aan de noordoostelijke zijkant van de hoogvlakte, strekt zich uit over een lengte van ongeveer 200 m. Deze werd met behulp van Semitische arbeiders (waarschijnlijk plaatselijke halfnomaden waarbij zich *aamu*-Arabieren of *retennu*-Syrianen voegden) ten tijde van de farao's van de 12e dynastie

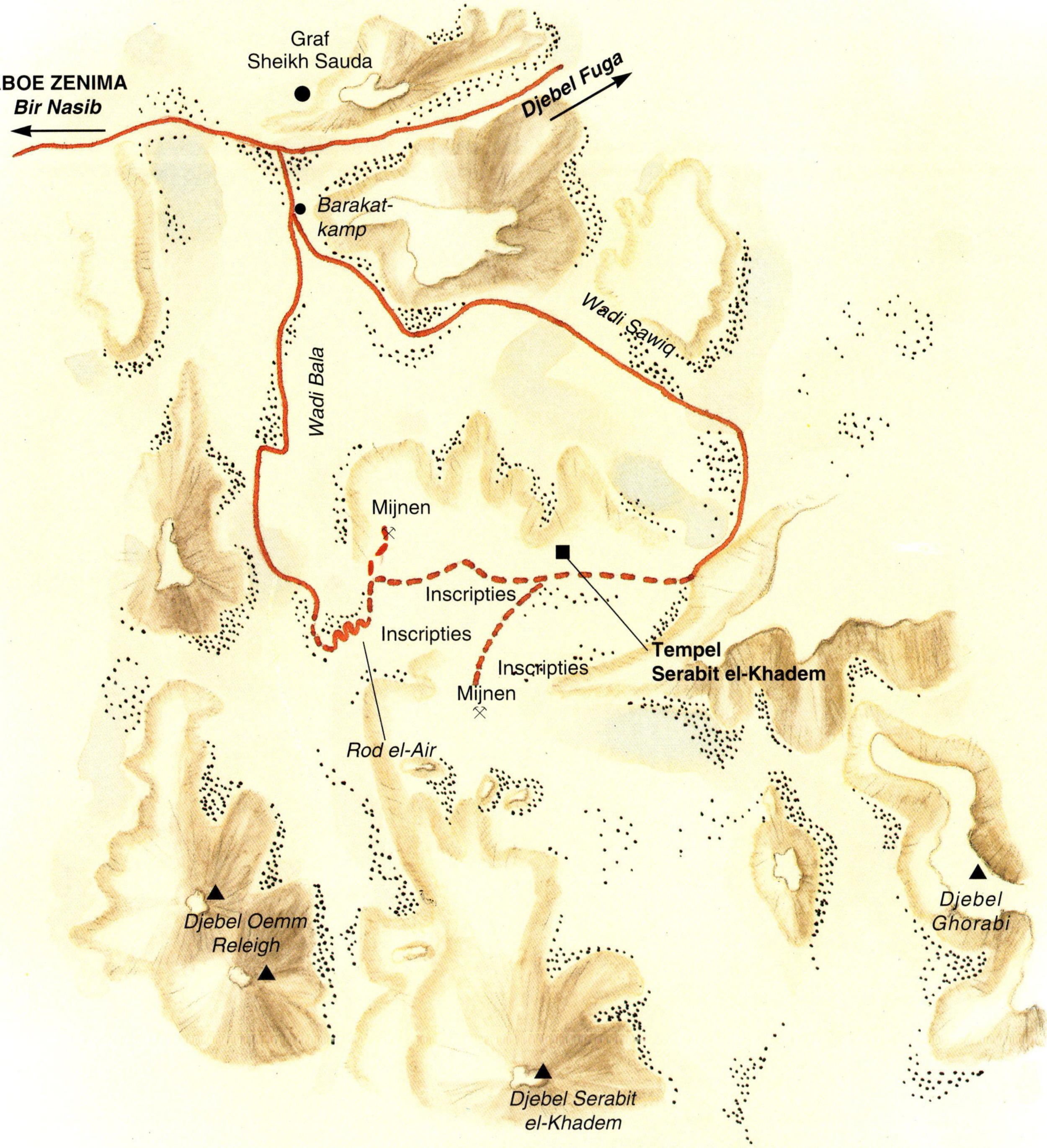
Graf
Sheikh Sauda
ABOE ZENIMA
Bir Nasib
Djebel Fuga
Barakat-
kamp
Wadi Sawiq
Wadi Bala
Mijnen
Inscripties
Inscripties
Tempel
Serabit el-Khadem
Inscripties
Mijnen
Rod el-Air
Djebel Oemm
Releigh
Djebel
Ghorabi
Djebel Serabit
el-Khadem

gebouwd, op een plaats die voor de Semitische cultuur belangrijk was. Waarschijnlijk werd een plaatselijke god aanbeden, de 'Heer van de Oostwoestijn' en de 'Heer van de vreemde landen'. In het begin, ten tijde van de 12e dynastie, bestond de tempel uit een aan de godin Hathor gewijde rotskapel, waaraan andere aan Sopdoe gewijde zalen werden toegevoegd. Nieuwe en grote uitbreidingswerkzaamheden werden hierna ten tijde van de 18e dynastie uitgevoerd, toen er een lange reeks zalen bij werd gebouwd, die de tempel zijn huidige vorm verleende. De twee laatste (meest westelijke) ruimten werden in de Ramsesperiode bijgebouwd en Ramses VI is dan ook de laatste naam van de farao's waarvan we getuigenis hebben. In de tempel en hier helemaal omheen op de hoogste punten van de hoogvlakte en in een straal van meer dan 400 m staat een groot aantal opgerichte stèles (sommige hoger dan 2 m), met inscripties op alle vier de zijden, die godsdienstige aanroepingsformules vermelden en verslagen van mijnexpedities: onder de grootste stèles valt er een uit de tijd van Sethi I op.
De plaats Serabit el-Khadem (die zijn hoogste roem onder de 12e dynastie verwierf, toen de turkooisdelving werd aangevuld met het delven en smelten van koper in de naburige Wadi Nasib) werd in het begin van deze eeuw door de beroemde archeoloog William Flinders Petrie opgegraven. Petrie, die ook de publicatie van het merendeel van de stèles en de inscripties van de locatie op zijn naam heeft staan (zie F. Petrie, *Researches in Sinaï*, 1906), toonde op grond van de archeologische vondsten aan, dat Egyptenaren en Semieten samen in de tempel van Serabit el-Kahdem dezelfde godsdiensten uitoefenden en dat de mijnwerkzaamheden dus niet door slaven of gevangenen werd uitgevoerd, maar door plaatselijke arbeiders of door vrije Semitische arbeiders, wier leider 'broer van de Retennuprins' werd genoemd.

PLATTEGROND VAN DE TEMPEL SERABIT EL-KHADEM (volgens Flinders Petrie)

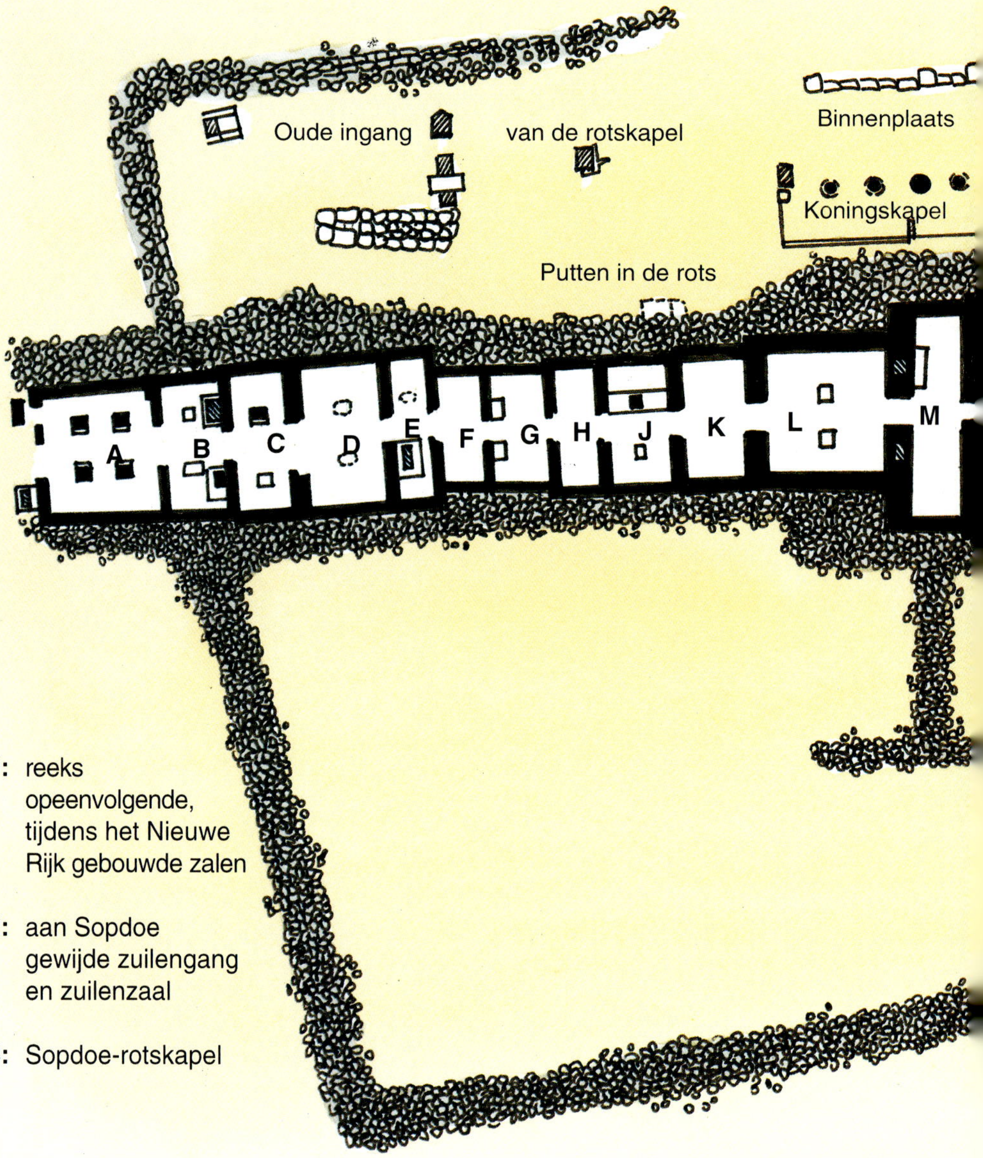

A-O: reeks opeenvolgende, tijdens het Nieuwe Rijk gebouwde zalen

1-2: aan Sopdoe gewijde zuilengang en zuilenzaal

3: Sopdoe-rotskapel

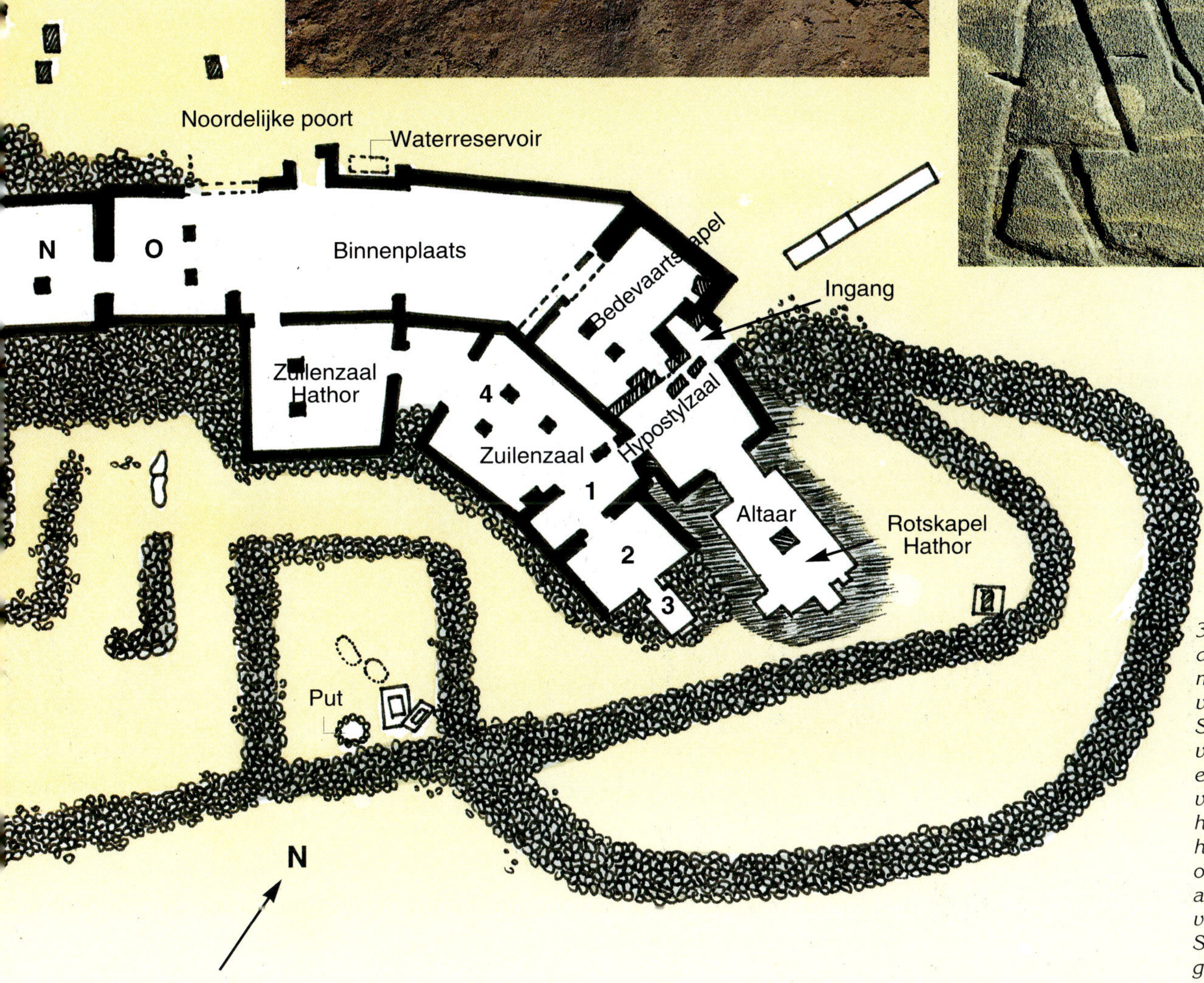

35- linksboven Op de muren van de mijnen in de buurt van de tempel Serabit el-Khadem vond Petrie in 1906 enkele vreemde graveringen: de studie hiervan bracht aan het licht dat het om een van de allereerste vormen van een alfabetisch, Semitisch geschrift ging, tegenwoordig 'proto-Sinaïtisch' wordt genoemd.

34 Als u vanaf de westkant naar de tempel Serabit klimt, kunt u in de plaats die door de bedoeïenen Rod el-Air wordt genoemd talrijke rotsgraveringen zien: het gaat hier om een Egyptisch schip met kenmerkende elementen van het Nieuwe Rijk.

35 rechtsboven en 35 onder Talrijke basreliëfs sieren de in de rots uitgehouwen en aan de godin Hathor, 'Vrouwe van de turkoois', gewijde kapel. Naast de Hathorkapel bevindt zich een tweede, die aan de god Sopdoe was gewijd, waarschijnlijk een plaatselijke god die de titels droeg van 'Heer van de Oostwoestijn' en 'Heer van de vreemde landen'.

DE STREEK VAN SERABIT EL-KHADEM – BIR NASIB

De streek die zich rondom de tempel van Serabit el-Khadem uitstrekt, kan als uitgangspunt voor sommige bijzonder interessante excursies dienen, waarvoor echter een jeep, maar vooral een plaatselijke bedoeïenengids noodzakelijk is. Vanaf de kleine bedoeïenennederzetting van de Barakat-familie bestaat de interessantste excursie uit een bezoek aan de oude mijnen van Bir Nasib en Wadi Khari. Op de terugweg rijdt u enige kilometers de reeds afgelegde weg van Aboe Zenima naar Serabit terug en ter hoogte van de overblijfselen van de oude, voor het vervoer van de mangaanmineralen aangelegde asfaltweg, moet u naar links afbuigen en in zuidoostelijke richting de Wadi Nasib ongeveer 3,5 km volgen. Zo komt u over een vrij gemakkelijke en goed gemarkeerde weg in de kleine oase Bir Nasib, waar enorme hoeveelheden zwart afval (het volume wordt op ongeveer 100.000 ton geschat) getuigen van de werkzaamheden van een van de belangrijkste mijnen ten tijde van de farao's: hier bevonden zich namelijk de ovens die dienden om de kopererts te verwerken. Koper werd reeds tijdens het Oude Rijk, maar vooral tijdens het Middenrijk en Nieuwe Rijk, tussen 2000 en 1300 v. Chr. in de omliggende streek

36 Dit kerkhof bevindt zich bij de vroegere mijnwerkersplaats Bir Nasib, waar ten tijde van de farao's grote werkplaatsen voor de verwerking van de in deze streek gedolven kopererts waren.

37 Op enkele kilometers van Bir Nasib bevinden zich de mangaanmijnen van Oemm Boegma, die tot voor kort nog geëxploiteerd werden.

37 In de buurt van Bir Nasib zijn nu nog kleine, door het smeltafval van kopererts gevormde heuvels te zien. Om een idee te krijgen van het belang van de kopertertswinning in de Sinaï ten tijde van de farao's hoeft u slechts te bedenken dat het tegenwoordig in Bir Nasib aanwezige afval op ongeveer 100.000 ton wordt geschat.

gedolven, in het bijzonder in de nabije Wadi Kharig. Als u de weg ongeveer 4 km verder volgt, komt u bij een grote, nog gedeeltelijk in gebruik zijnde mijn voor het delven van mangaanmineralen. Hier vandaan kunt u langs een moeilijke weg de grote mangaanmijn Oemm Boegma bereiken, op ongeveer vijftien kilometer afstand, waarbij u de Djebel Marahil links laat liggen en hier vandaan langs Wadi Shellal in westelijke richting verder rijdt. Als u echter de oude mijnen van de Wadi Kharig wilt bezoeken, moet u de asfaltweg, die de toegang vormde van de Wadi Nasib, ongeveer 1,5 km in noordelijke richting terugrijden en dan de (moeilijke) weg inslaan die naar het zuidwesten loopt en de Wadi Baba volgt. Na 4 km ziet u rechts van de weg de samenloop met de Wadi Kharig, die naar het noorden loopt; u kunt dan nog een kort stuk verder rijden. Daarna moet u te voet verder om de oude mijnen te bezoeken. Op de muren van deze mijnen zijn zelfs nu nog de sporen te zien van de werktuigen die door de arbeiders ten tijde van de farao's werden gebruikt.

WADI FEIRAN

Als u de weg ter hoogte van de grote tweesprong inslaat, vlak voor het bord 'St. Katherine' en op 207 km van de tunnel, op de weg die naar el-Tor en naar Sharm el-Sheikh leidt, komt u door Wadi Feiran, een van de grootste en belangrijkste wadi's van de gehele Sinaï, die de kust van de Golf van Suez rechtstreeks met het St.-Catharinaklooster verbindt. Aan het begin is deze wadi, rijk aan bijbelse herinneringen, breed en zanderig en loopt de weg enigszins omhoog, terwijl het landschap steeds meer verandert en woest en bergachtig wordt. Na 22,5 km van de tweesprong begint links ter hoogte van Wadi Gharuel de (niet aangegeven) weg naar Wadi Maghara, Wadi Moekattab en ten slotte naar Serabit el-Khadem. Hierna loopt de asfaltweg langs een indrukwekkende rots, die de bedoeïenen Hesi el-Khattatin noemen, wat 'de verborgen bron van de schriftgeleerden' betekent. De oorsprong van deze wonderlijke naam, die zinspeelt op de door de plaatselijke bevolking beschouwde schriftgeleerden bij uitstek, Mozes en Aäron, hangt samen met de plaatselijke bedoeïenentraditie, die deze rots erkent als de rots waarop Mozes met zijn stok sloeg en waaruit op wonderbaarlijke wijze het zuivere drinkwater voor zijn volk welde (Exodus 17). Na 43 km vanaf de tweesprong ziet u de eerste palmen en tamarisken langs de wadi in de buurt van de kleine oase Khessoeah, die de grotere oase Feiran aan de westkant begrenst. Dit was een verplichte pleisterplaats voor alle pelgrims die zich naar het St.-Catharinaklooster begaven. Na enkele kilometers vindt u steeds meer palmen en ziet u rechts een klein klooster, dependance van het St.-Catharinaklooster. Hier in de buurt bevinden

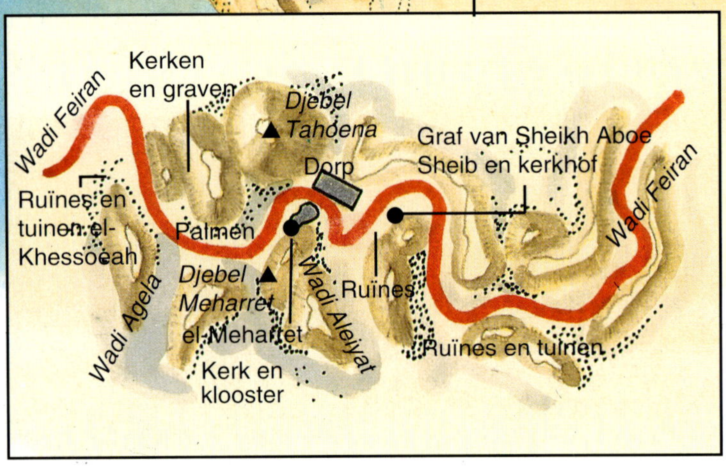

zich de Djebel Meharret en een groot archeologisch gebied, waar de opgravingen talrijke kerken aan het licht hebben gebracht, het dorpje Feiran en aan de andere zijde van de wadi de Djebel Tahoena, die het grootste palmbos van de gehele Sinaï overheerst. Op zijn top werd een kruis geplaatst. Volgens de traditionele route van de uittocht zou de oase Feiran de plaats Rafidim (zie Exodus 17) zijn, waar de joden hun tenten opsloegen en de strijd

tegen de Amalekieten (waarschijnlijk in deze streek gevestigde stammen) plaatsvond, die met een grote overwinning van de door Joshua aangevoerde joden werd besloten, terwijl Mozes voor zijn volk bad op de nabijgelegen berg, die de Djebel Tahoena geweest zou kunnen zijn. Op de hellingen van de berg kunt u nog de ruïne van een kerkje zien, dat ter nagedachtenis aan deze gebeurtenis werd gebouwd, en andere aan Hur en Aäron gewijde kerken.
De eerste kerk wordt ook vermeld in het reisverslag van de non Etheria, die in de 4e eeuw een pelgrimstocht naar het St.-Catharinaklooster maakte. In die tijd was Feiran de zetel van een bisdom waar talrijke monniken en kluizenaars woonden. De stad, met verdedigingswerken om de invallen van de plaatselijk bevolking te weerstaan, strekte zich tot de voet van Djebel Tahoena uit, terwijl de kathedraal en de andere kerken zich in de buurt van het huidige klooster, gelegen op de hellingen van de el-Meharretheuvel bevonden, waarvan de ruïnes door het Duitse Instituut voor de Archeologie werden opgegraven.
De bisschop van Feiran was afhankelijk van de patriarch van Jeruzalem en oorspronkelijk oefende deze zijn macht ook uit op het St.-Catharinaklooster: dit tot de periode van de ketterij van Nestorios, toen er een scheuring ontstond tussen Feiran en St.-Catharina. De bisschop van Feiran, die de beginselen van Nestorios aanhing, werd inderdaad in de 7e eeuw door het Concilie van Constantinopel uit zijn macht ontzet en zijn functies en rechten werden door het St.-Catharinaklooster overgenomen, waarvan de monniken trouw bleven aan de beginselen van de orthodoxe leer.
Na deze episode ontvolkte de stad Feiran langzaam, raakte in verval en kwam dit nooit weer te boven; vele architectonische gedeelten van zijn grote kerken werden opnieuw voor de bouw van het huidige klooster gebruikt, waar ze zelfs vandaag de dag nog herkenbaar zijn. Nadat u voorbij het huidige dorp Feiran bent gereden, dat zich in het oostelijke gedeelte van de oase bevindt, ziet u rechts een kerkhofje en het graf van Sheikh Aboe Sheib: langs beide oevers van de wadi liggen talrijke tuinen en de plantengroei wordt gekenmerkt door tamarisken. Langs de wanden van de wadi kunt u op dit punt aardachtige afzettingen zien, overblijfselen van een meertje: in de Oudheid werd door grote neerslag een meerbekken gevormd, ten zuiden begrensd door een bergstorting, dat zich tussen Djebel Meharret en Djebel Tahoena uitstrekte. De meerafzettingen maken hierna plaats voor indrukwekkende formaties van veldspaatrotsaders, die in de lichtere gneisrotsen doorlopen, ter hoogte van de ingang van de Wadi el-Akhdar.
Na de samenvloeiing met de Wadi el-Akhdar, komt de weg in een ongeveer tien meter lange versmalling, el-Boeeib genoemd. Aan de andere kant van deze 'poort' eindigt de Wadi Feiran en begint de Wadi el-Sheikh, die als het verlengde van de vorige kan worden beschouwd. U komt dan in de door talrijke tuinen met palmen, acacia's, fruitbomen en tamerisken gesierde Tarfat-oase ('de Tamerisken'). Na deze oase komt u door de Watiapas (85 km vanaf de tweesprong), een enkele honderden meters lange bergkloof die zich tussen hoge granietwanden opent, die in het smalste gedeelte maar ongeveer dertig meter van elkaar zijn.
Nadat u langs het indrukwekkende bergmassief van Djebel Freiah bent gereden, komt u bij een militaire controlepost en hierna op het kruispunt met de weg die Noeweiba met St.-Catharina verbindt, ter hoogte van het graf van Sheikh Nabi Salah.

39 boven
Het archeologische gebied van de Djebel Meharret achter het huidige nonnenklooster bewijst hoe belangrijk Feiran was voordat het St.-Catharinaklooster werd gebouwd. De opgravingen hebben de resten van talrijke kerken van Feiran aan het licht gebracht, die werden gebouwd toen de stad de bisschopszetel van de Sinaï was.

39 midden
Deze foto toont de Wadi Feiran en zijn enorm grote palmbos, het grootste van de gehele Sinaï. Volgens de overlevering vond in Feiran, misschien de bijbelse plaats Rafidim, de slag tussen de joden en de Amelekieten plaats.

39 onder
Het kleine nonnenklooster dat zich in de Wadi Feiran bevindt, is een dependance van het St.-Catharinaklooster.

WADI MOEKATTAB – WADI MAGHARA – DJEBEL FOEGA

40 boven
Het uitzicht toont in het midden de Djebel Maghara. Langs de hellingen van deze berg lagen de oude turkoois-mijnen, door de farao's sinds de 3e dynastie geëxploiteerd.

Als u de weg inslaat die vanaf de door Wadi Feiran lopende asfaltweg begint, op 22,5 km van het kruispunt met de weg die de A.H.-tunnel met el-Tor verbindt, rijdt u door Wadi Moekattab, plaatsnaam die 'Dal van de geschriften' betekent. Na ongeveer 6 km beginnen aan de linkerflank van de wadi de talrijke, deze plaats kenmerkende rotsinscripties, die zich over een lengte van ongeveer 3 km uitstrekken. De inscripties zijn grotendeels uit de Nababteïsche periode en dateren van de 2e en 3e eeuw v. Chr., maar er zijn ook inscripties uit de Romeinse of Byzantijnse tijd.

40 midden
Een kegelvormige rots verrijst eenzaam uit het zand in de streek Ramlet Himeiyr: aan de zijkant is een wonderlijke rotspartij te zien die door de inwerking van ijzeroxide in sommige plaatsen een felrode kleur heeft.

40 onder
De Lavazuilen die zich uit het zandsteen bij Djebel Foega verheffen, een plaats die ook onder de naam 'Zuilen-woud' bekend is, vormen een van de interessantste geologische verschijnselen van de Sinaï.

Nadat u deze plaats hebt bezocht en de Wadi Moekattab verder doorrijdt, komt u op het kruispunt met de grote Wadi Sidri. Op dit punt, als u de oude turkooismijnen van Wadi Maghara (plaatsnaam die 'Dal van de mijnen' betekent) wilt zien, houdt u de linkerweg aan en rijdt u in noordwestelijke richting door tot u bij het kleine graf van Sheikh Soliman komt. Dan moet u weer de rechterweg aanhouden en de Wadi Maghara inslaan. Na een kilometer komt u aan het begin van dit kleine dal, dat zich hier in tweeën splitst, rechts in Wadi Iqna en links in Wadi Qenaia. In deze tweede wadi bevinden zich de turkooismijnen: u moet daarom de terreinwagen verlaten en enkele honderden meters langs de oosthelling van de Djebel Maghara omhoog klimmen, die de linkerzijde van de wade vormt, om de in de berg uitgehouwen mijnen en het beroemde bas-reliëf te bezichtigen. Dit is afkomstig uit het Oude Rijk en beeldt koning Sekhemkhet (3e dynastie, tegen het jaar 2600 v.Chr.) af, met naast hem een hoogwaardigheidsbekleder, die de titel heeft van 'prins, bevelhebber van de expeditie'. Het werd in 1868 ontdekt door de ontdekkingsreiziger Palmer.
De Engelse Egyptoloog Flinders Petrie, aan wie men de eerste systematische archeologische verkenning van de Sinaï in het begin van deze eeuw heeft te danken, vond in deze wadi wel twaalf tussen de 1e en 18e dynastie uitgevoerde bas-reliëfs, die vervolgens door onhandige pogingen van mijndelving werden beschadigd, vernield en gedeeltelijk losgehakt en naar het Museum van Cairo vervoerd. Vroeger verbond een weg, die nu nog begaanbaar is, de mijnen van Maghara met de haven van Markha aan de Golf van Suez (8 km ten zuiden van Aboe Zenima), waar de turkooisstenen en het koper uit Maghara, Serabit en Wadi Kharig op schepen werden geladen en naar Egypte vervoerd. Deze weg, die begint bij het graf van Sheikh Soliman, loopt in noordwestelijke richting, volgt de Wadi Boedra en komt dan uit in de Wadi Baba, die in de kustvlakte van el-Markha

uitloopt. Na uw bezoek moet u tot het kruispunt met de Wadi Sidri terugrijden en deze wadi, waarvan de Wadi Sheikh het verlengde is, tot het graf van Sheikh Hamid volgen. Vanaf dit strategische kruispunt kunt u:
a) in zuidoostelijke richting rijden door de Wadi Labwa en de Wadi el-Akhdar, waarna u op de asfaltweg uitkomt die van Feiran naar St.-Catharina loopt (ongeveer 40 km);
b) in noordwestelijke richting rijden en Serabit el-Khadem op 38 km afstand door Wadi Khamila bereiken;
c) de bochtige weg inslaan die in noordoostelijke richting loopt en die u naar een grote zandhoogvlakte zonder duinen leidt die de bedoeïenen Ramlet Himeiyr noemen, met rotsformaties van roodachtige, soms bontgekleurde, kalksteen, waar zich een van de meest buitengewone geologische bezienswaardigheden van het Sinaï-schiereiland bevindt: de Djebel Foega, ook bekend onder de naam 'Woud van zuilen'.

LIGGING VAN DE BAS-RELIEFS IN DE WADI MAGHARA

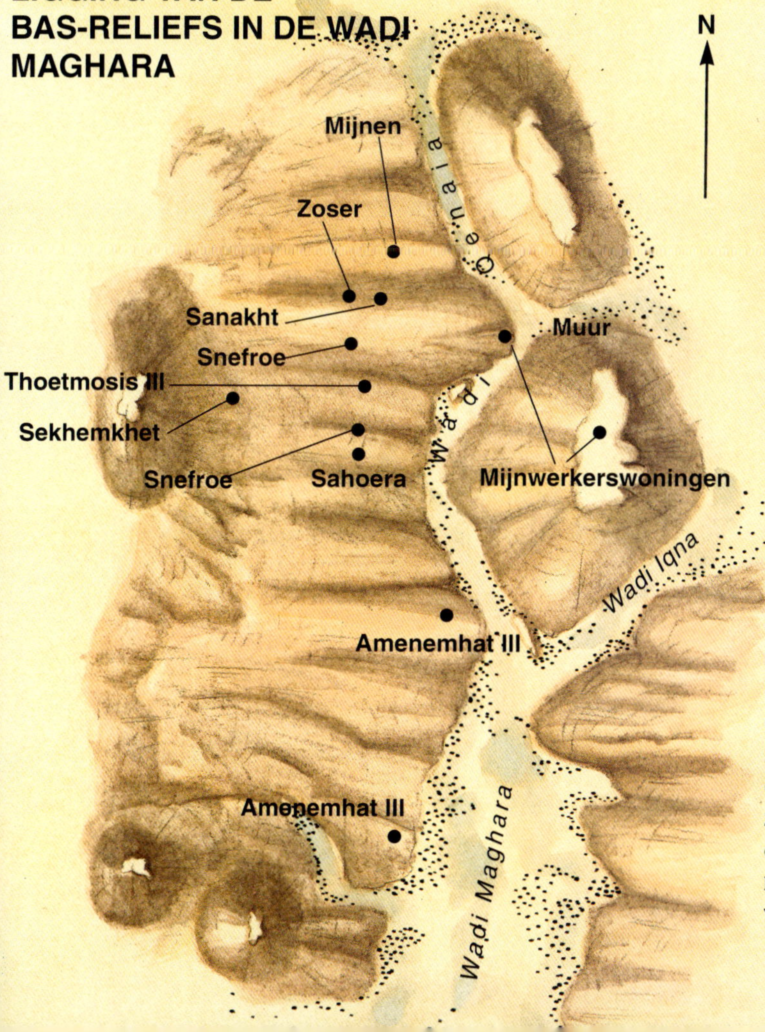

Het gaat om talrijke buisvormige zuilen van zwarte lava die als vele stalagmieten uit de omliggende rots steken, die bestaat uit geel-roodachtige zandsteen. Deze ongeveer 55 km lange route van Wadi Maghar naar Djebel Foega (reistijd ongeveer 3 uur) is een van de meest interessante vanuit natuurwetenschappelijk oogpunt, maar de weg heeft helaas enkele moeilijke doorgangen en er is vooral geen enkele aanwijzing die u helpt deze buitengewone formatie te vinden: de aanwezigheid van een gids is daarom onontbeerlijk. Vanaf de Djebel Foega kunt u de zone van Serabit el-Khadem bereiken via een zanderige weg die een wijde boog door de vlakte van Ralet Himeiyi maakt en het gebied van Serabit via Sheikh Habus bereikt.

41 De Wadi Moekattab, plaatsnaam die het 'Dal van de inscripties' betekent, is versierd met talrijke inscripties, grotendeels uit de Nababteïsche tijd; er zijn echter ook inscripties uit de Romeinse en Byzantijnse tijd.

42 boven
In het midden van het mooie uitzicht op Ras Mohammed is de Hidden Bay, of 'verborgen baai', geflankeerd door het Mangroven-eiland en zijn kanaal, te zien.

42 midden
De monumentale poort van het Nationale Park Ras Mohammed, in gewapend beton, is het werk van een Egyptische kunstenaar.

42 onder
De ingang van het Nationale Park Ras Mohammed wordt aangegeven door twee kegelvormige stenen gebouwtjes.

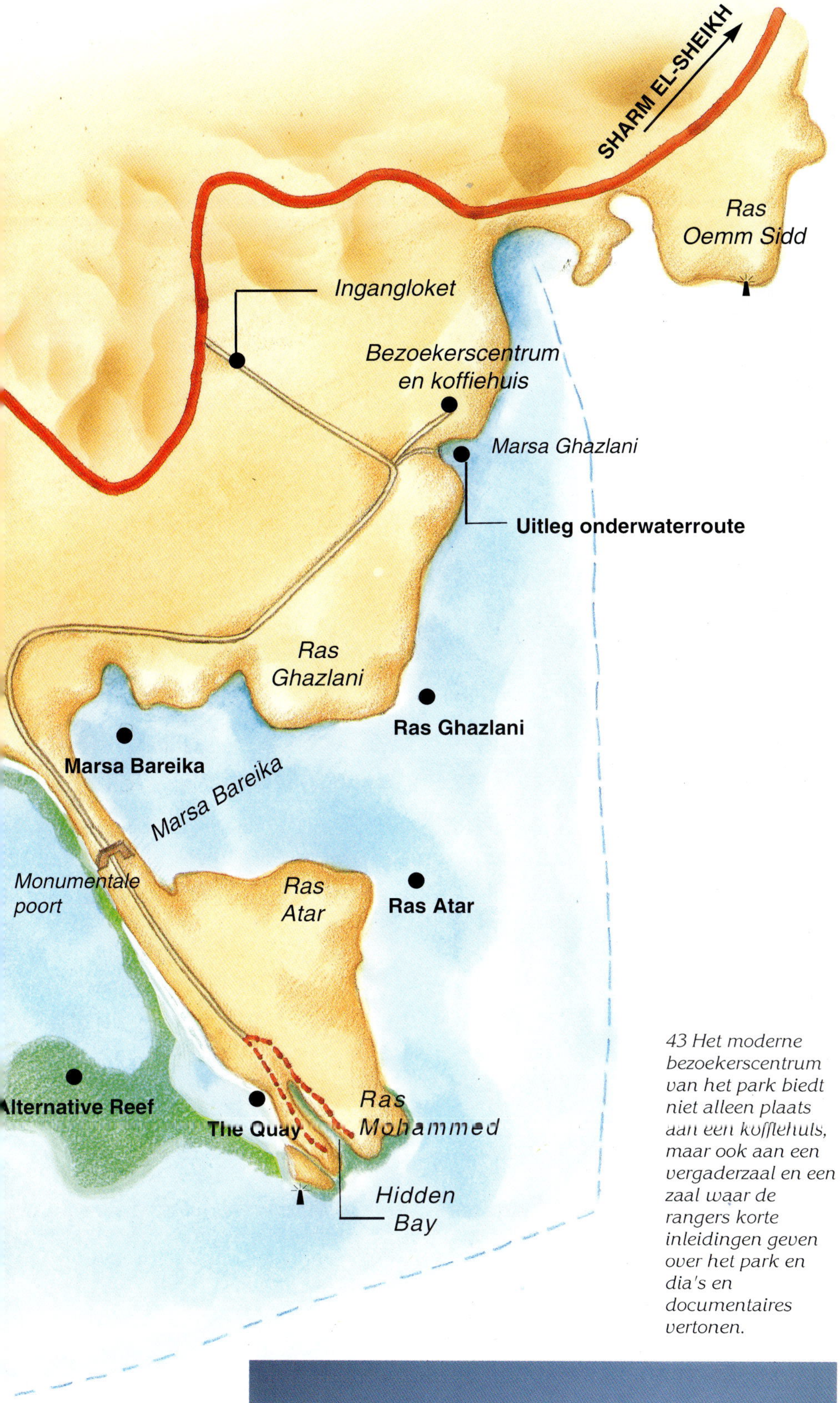

43 Het moderne bezoekerscentrum van het park biedt niet alleen plaats aan een koffiehuis, maar ook aan een vergaderzaal en een zaal waar de rangers korte inleidingen geven over het park en dia's en documentaires vertonen.

RAS MOHAMMED

Het schiereiland Ras Mohammed ligt in de uiterste zuidpunt van de Sinaï op ongeveer 20 km van Sharm-el-Sheikh over land en 8 mijl over zee.
Het gaat om een onaangetast gebied van buitengewone schoonheid en groot natuurwetenschappelijk belang, dat in 1983 tot Nationaal Park werd verklaard.
Het park, dat een veel grotere oppervlakte beslaat dan het werkelijke schiereiland, is een beschermd gebied dat door talrijke wettelijke beperkingen van bescherming wordt verzekerd. Enkele rangers, helaas niet voldoende om aan de eisen van een zo weids gebied tegemoet te komen, werken in dit gebied en streven daarbij de vier belangrijkste doelstellingen na:
1. informatie voor de bezoekers met behulp van voorlichtingscampagnes, bijeenkomsten en publicaties;
2. verspreiding van de doelstellingen van het park onder de bedoeïenen, zodat zij deelnemen aan het beheer van hun grondgebied;
3. wetenschappelijk onderzoek en milieubewaking;
4. controle van de bezoekers, opdat deze zich houden aan de uitgevaardigde wetten.
Een reeks goed aangegeven routes, die u niet mag verlaten, binnen het park stellen de bezoeker in staat al het plaatselijke natuurschoon vanaf het land te ontdekken. Voor wie de prachtige zeebodem wil verkennen, zijn er enkele punten waar u diepzee kunt duiken.
Voor een diepgaande kennis van de plaats wordt aanbevolen beide bezoeken af te leggen, omdat er een bijzonder nauwe wisselwerking is tussen het ecosysteem van de zee en dat van het land, of, om nauwkeuriger te zijn, tussen wel vijf ecosystemen: woestijn, lagune, kust, koraalrif en zee.

TOPOGRAFIE EN GEOLOGIE VAN HET RAS MOHAMMED NATUURPARK

Het zuidelijke gedeelte van het Park Ras Mohammed bestaat uit een rotsachtige landtong die door een ongeveer 3,5 km lang en gemiddeld 1 km breed schiereiland met het vasteland is verbonden. Het park strekt zich uit naar het zuiden in de Rode Zee tussen de Golf van Suez en de Golf van Akaba. De gemiddelde diepte van de Golf van Suez is niet meer dan 100 meter, maar die van de Golf van Akaba reikt tot 2000 meter. Dit enorme morfologische verschil is te danken aan het feit dat de Golf van Akaba het begin is van die gigantische splijting van de aardkost die in het Tertiair de grote Afrikaanse en Euro-Aziatische continentale platen verdeeld heeft.
Het schiereiland Ras Mohammed bestaat uit twee rotsachtige landtongen, gescheiden door een diepe baai die de Hidden Bay genoemd wordt. Het westelijke gedeelte heeft in het midden twee diepe kloven, een duidelijk teken van een ontspanningsverschijnsel van de rotslagen, en de zuidoostelijke kant wordt geflankeerd door een laag en zanderig eiland dat het Mangroveneiland heet, waarvan het door een ondiep kanaal, het Mangrovenkanaal, dat van het noordwesten naar het zuidwesten loopt, wordt gescheiden.
Het oostelijke gedeelte loopt evenwijdig aan het vorige en eindigt in een kleine baai, de Shark Observatory Bay. De oostpunt hiervan vormt de Kaap van Ras Mohammed, die ongeveer 60 meter boven de zeespiegel uittorent. Op de top hiervan bevindt zich het Shark Observatory, gevormd door een reeks van drie observatiepleintjes, loodrecht boven het water van de Rode Zee. Geologisch gezien bestaat het schiereiland Ras Mohammed uit een fossiele koraalrots die tijdens het Quartair,

44 boven Kaap Ras Mohammed en Main Beach lopen uit in zee. De kaap wordt gevormd door een ongeveer 50 meter hoge fossiele koraalrots: op de top is een observatiepost gebouwd, dat het 'Observatorium van de haaien' wordt genoemd.

*44 onder Dit strandje langs de kust bij Ras Mohammed is bekend onder de naam Eel Garden, omdat zich hier op de ongeveer 15 meter diepe zeebodem een kolonie zeepalingen bevindt (*Gorgasia sillneri*).*

45 boven en midden Deze fossiele koralen, die tussen 75.000 en 25.000 jaar geleden aan de oppervlakte verschenen, bevinden zich in de buurt van het bezoekerscentrum Marsa Ghaslani; ze behoren tot dezelfde soort als de koralen die nu op het koraalrif voorkomen.

ongeveer 75.000 jaar geleden, te voorschijn kwam door de diepe wijzigingen in de kustlijn, veroorzaakt door de grote veranderingen van het niveau van zeeën en oceanen op onze planeet, die op hun beurt ontstonden door de komst van de grote ijstijden.

In het noordelijkste gedeelte van het park bevinden zich grote zand-duinen. Het gaat hier om overstromingsgronden, bestaande uit grove conglomeraten die overeenkomen met de bedding van wadi's in de zich noordelijker bevindende bergen. Aan de oppervlakte zien we kalksteenformaties uit het Mioceen met een fossiele fauna van gastropoden (buikpotige weekdieren), plaatkieuwigen, fragmenten van stekelhuidigen en natuurlijk koraalsoorten. Naast deze oudere kalksteen liggen magmatische rotsen die behoren tot de groep granietachtigen, granodiorieten en granieten).

De grote verscheidenheid van lithologische formaties is de oorsprong van de rijkdom en de zo kenmerkende variëteit aan ecosystemen van het Park Ras Mohammed.

45 linksonder Kaap Ras Mohammed bestaat uit een fossiele koraalrots die ongeveer 70.000 jaar geleden aan de oppervlakte verscheen: als u zorgvuldig de wanden observeert, kunt u talrijke koraalsoorten herkennen, die ook nu nog slechts enkele tientallen meters onder water leven.

45 rechtsonder Deze koraalrif, die Shark Reef wordt genoemd en zich ten zuiden van Main Beach bevindt, verrijst vanaf een 25 meter diepe zeebodem tot aan de zeespiegel.

FLORA EN FAUNA

Het water dat het park omringt, wordt gekenmerkt door de aanwezigheid van een indrukwekkend systeem van koraalriffen die de kaap van de landtong volledig omringen en zich langs de kusten ervan uitstrekken, die op hun beurt voor 40-50% uit fossiele koraalformaties bestaan.
De koraalbanken hebben in de buurt van de kust een terrasvorm en bevinden zich op een gemiddelde diepte van 12-15 meter. Ze dalen daarna in steile hellingen tot 70-100 meter diepte af; er zijn ook talrijke koraalbanken van kleine en middelgrote afmetingen op geringe diepte.
De hoge concentratie van koraalsoorten in het gebied van Ras Mohammed komt eveneens overeen met een grote verscheidenheid van soorten, waaronder *Millepora sp.* (de *Millepora dicotoma* wordt ook 'vuurkoraal' genoemd), *Acropora sp., Favia sp., Favites sp., Porites sp., Fungia sp.* en *Dendronephtya.*
Tussen de plaatkieuwigen zijn de indrukwekkende *Tridacnen (Tridacnia Maxima)* vrij gewoon.
De bijzonder rijke vissenwereld, zowel van rif als oceaan, omvat meer dan duizend soorten, waarvan vele endemisch zijn, d.w.z. dat ze alleen in de Rode Zee leven.
Deze endemie houdt verband met een periode van isolering van dit zeebekken, veroorzaakt door tektonische verschijnselen die een tijdelijke heffing van de diepten in het zuidelijkste gedeelte hebben veroorzaakt, waarschijnlijk in het begin van het Quartair.
Van de meest voorkomende vissen noemen wij de napoleonvis (*Cheilinus undulatus*), die men in de regel in de buurt van riffen tegenkomt en zich onderscheidt door een bijzonder vriendelijk karakter ten opzichte van de sportduikers. Dan zijn er nog de 'snappers'(*Lutjanus bohar*), een soort tandvissen, die in grote scholen leven en tamelijk geliefd zijn om hun visvlees, 'de kalkoenvis' (*Pterois volitans*), de

koraaltandbaars (*Cephalopolis minata*) en de palingen (*Gorgasi sillneri*).
Er zijn ook sommige haaisoorten in het water van Ras Mohammed, waarvan wij de *Triaenodon obesus*, de *Carcharinus melanopterus* en de *Carcharinus wheeleri* noemen, alle vrij klein (zelden langer dan 1,5 m). Vooral in het voorjaar kunt u ook grote hamerhaaien (*Sphyraena lewini*) tegenkomen, die gewoonlijk op de oceaanbodems leven.

Op de stranden en dicht bij de kusten leven verschillende zeeschildpadden, waaronder de groene schildpad (*Chelonia mydas*).
Wat de flora van het park betreft, zijn er talrijke mooie exemplaren mangroven (*Avicenia marina*), die een belangrijke functie in het behoud van het ecosysteem van de kust uitoefenen (zie Nabq-Park).
De fauna op het land is vertegenwoordigd door talrijke zoog-

46 boven
De lucht boven Ras Mohammed wordt verlevendigd door een majestueuze vlucht ooievaars.

46 midden
Langs de kusten van Ras Mohammed lopen de zandduinen soms rechtstreeks uit in de blauwe zee.

46 onder
De streek van Ras Mohammed is een van de voornaamste rustplaatsen van ooievaars, die hier twee keer per jaar tijdens hun trek neerstrijken.

47 linksboven
Grote zeewaaiers, opgefleurd door de intense kleuren van prachtige octocoralia, tekenen zich af tegen de zeespiegel.

47 rechtsboven
Een tweebandig anemoonvisje (Amphiprion bicinctus), *nieuwsgierig door de aanwezigheid van de fotograaf, zwemt weg van de zeeanemoon die hem huisvest.*

dieren: gazellen, wilde geiten (*Ibex sp.*), vossen (*Vulpes rueppelli en Vulpes zenda*) en kleine knaagdieren.
Bijzonder belangrijk is de vogelrijkdom, want er zijn talrijke vogelsoorten, zowel vaste als trekvogels.
Ras Mohammed is bijvoorbeeld een enorm belangrijk punt op de trekroute van de ooievaars (*Ciconia ciconia*) die vanuit Noord-Europa naar Afrika trekken en over het kanaal van Gibraltar of Turkije en de Sinaï vliegen.
Over de Sinaï vliegen ongeveer 20.000 ooievaars per jaar tussen april en mei en tussen september en oktober; het Park Ras Mohammed is samen met het Nabq-Park een van de meest geliefde rustplaatsen.
Van de andere vogelsoorten noemen wij de visarend (*Pandion haliaetus*) en de hemprichmeeuw (*Larus hemprichii*).

47 midden
De zeebodem van Ras Mohammed is een van de meest spectaculaire van de Rode Zee. Rechts op de foto kunt u het Shark Observatory herkennen, die 55 meter boven de zeespiegel verrijst.

47 onder
Als u bij Ras Mohammed duikt, kunt u vrij dikwijls grote exemplaren napoleonvissen (Cheilinus undulatus) *tegenkomen, die absoluut niet bang zijn voor de sportduikers en heel dichtbij komen.*

Landroutes

48 In de luchtopname kunt u gemakkelijk Kaap Ras Mohammed, het pad naar de Observatiepost van de haaien en de andere observatie-pleintjes herkennen. Links kunt u de baai zien waar Main Beach begint.

Nadat u de toegangspoort, die uit twee piramidevormige gebouwtjes bestaat, doorgegaan bent, loopt de asfaltweg in zuidoostelijke richting naar de baai Marsa Ghazlani. Het pad dat links van de weg loopt, op 2,8 km van het ingangshek, leidt naar het bezoekerscentrum, waar u na 1,5 km aankomt. Vlak na het begin van het pad vindt u rechts een andere weg, die rechtstreeks naar het strand van Marsa Ghazlani voert. Hier geeft een bord een uitleg over de onderwaterroute die langs het rif aan de zuidkant van de baai voert, waarbij met bordjes de voornaamste koraalformaties worden aangegeven. De route kan ook alleen met een masker en mondstuk worden afgelegd.
Het bezoekerscentrum is uitgerust met een vergader-projectiezaal, waar het personeel van het park audiovisuele lezingen over de in het beschermde gebied aanwezige ecosystemen geeft. Vanaf het bezoekerscentrum loopt een kort pad naar een observatiepunt met verrekijker en naar een fossiele rots waarop u die voornaamste koraalvormen kunt waarnemen. Als u over de asfaltweg verder rijdt, die een ruime bocht naar het zuidwesten maakt en dan duidelijk in zuidelijke richting

49 boven Langs de oostkust van het schiereiland Ras Mohammed, hier gezien vanaf Akaba Beach, stroomt het warme water van de Rode Zee.

loopt, komt u links, op 8 km van de ingang, langs het werkcentrum van het personeel van het park, voorzien van een onderzoekscentrum, laboratoria en een technische dienst. Vanaf dit centrum, dat zich aan de oostelijke kant van de Marsa Barekabaai bevindt, begint een weg die de kust volgt, bij een Egyptische militaire controlepost uitkomt en naar een reeks kleine baaien leidt waar de terreinen zijn aangegeven waar u kunt kamperen (na toestemming van de parkdirectie).
De asfaltweg loopt nu door enkele prachtige duinen –die rechtstreeks in zee uitkomen en waarvan het zand soms het asfalt bedekt– en bereikt de helling van het schiereiland Ras Mohammed, dat op de Golf van Suez uitkijkt. Dan komt u dus voorbij de monumentale poort (12,4 km vanaf de ingang), ontworpen en in gewapend beton gebouwd door de Egyptische kunstenaar Ali Azzam. De weg blijft evenwijdig aan de kust lopen over een zandbodem en ter hoogte van een bocht naar het westen gaat de weg over in een pad (15,8 km van de ingang). Na ongeveer 300 m komt u op de eerste tweesprong (tweesprong A), vanwaar u twee verschillende routes kunt volgen, achtereenvolgens naar het oosten en naar het westen van de diepe inham, die Hidden Bay wordt genoemd, waar het diepblauwe water een contrast vormt met het omringende gouden zand.
De paden die met de verschillende routes overeenkomen, zijn in verschillende kleuren aangegeven: groen, paars, rood, blauw, geel en zwart.

A *Route 1* (groene weg).
Vanaf de tweesprong A rijdt u door naar het zuiden en neemt u de weg rechts, met groen aangegeven; dan komt u bij een tweede tweesprong (tweesprong B), waar de ringweg begint die het westelijke gedeelte van de Hidden Bay omschrijft. Vlak na de tweesprong geeft rechts een rij stenen in de zee de The Quay (de pier) genoemde duikplaats aan.
Als u de weg rechts aanhoudt en Suez Beach achter u laat, kunt u links vaag het noordelijke deel van de Hidden Bay zien.
Op ongeveer 700 m van tweesprong B loopt een pad waarlangs u twee indrukwekkende door aardbevingsverschijnselen veroorzaakte en door stenen op de grond aangegeven bergkloven kunt bereiken.
De bergkloven, die ongeveer vijftien meter diep zijn, zijn op de bodem door het zeewater bedekt. Hierin zijn nagenoeg geen vissen te vinden, met uitzondering van een soort endemische garnaal.
Na dit bezoek komt u als u over de groene route in zuidoostelijke richting verder gaat, ter hoogte van het Mangrovenkanaal aan, dat van het noordwesten naar het zuidoosten loopt en het vasteland van het kleine Mangroveneiland scheidt, waarop een zwart-wit geschilderde stenen vuurtoren te zien is.
Als u op de punt van de rotstong aankomt, maakt de weg een scherpe bocht naar het noorden en loopt weer langs de westkust van de Hidden Bay terug naar tweesprong B.
Ter hoogte van deze bocht, op enkele stappen van de weg, bevindt zich een geelkoperen plaat op een betonvoetstuk, dat de meest zuidelijke punt van het Sinaï-schiereiland aangeeft (breedte 27°43' noord en lengte 34°15' oost).
1 km na de tweesprong komt u weer uit op tweesprong A, waar de tweede route begint, aangeduid door de kleuren paars, rood, blauw, geel en zwart.

49 midden
De kust vlak onder de Observatiepost van de haaien is rijk aan koraalformaties. Hier vandaan loopt een voetpad naar de top van Kaap Ras Mohammed, waar het observatiepunt ligt.

49 onder
Het Mangrovenkanaal is een van de meest karakteristieke plaatsen van het Park Ras Mohammed.

B *Route 2* (paarse, rode, blauwe, gele en zwarte wegen). De tweede route is ingewikkelder dan de vorige en duurt verschillende uren. 200 m van tweesprong A ziet u links van de hoofdweg een kort pad dat wordt gemarkeerd met de afbeelding van een verrekijker; dit leidt naar een hoog observatiepunt. Na dit pad komt u op tweesprong C uit (900 m vanaf tweesprong A). De rechterweg is met paarse en rode pijlen gemarkeerd, terwijl de linkerweg met rode, blauwe, gele en zwarte pijlen is aangegeven.

Route 2a (paarse en rode wegen) Als u de rechterweg inslaat –die

50 Het rotsgesteente waaruit het schiereiland Ras Mohammed bestaat, is in vele plaatsen doorkliefd door scherpe rotsspleten, waarschijnlijk veroorzaakt door aardbevingsverschijnselen. De bodem van deze bergspleten is door zeewater bedekt, waarin de enige vorm van leven een bijzondere garnaalsoort is.

om een meertje met een bijzonder hoog zoutgehalte loopt waarin de enige vorm van leven een zwartkleurig wier is, bereikt u na 1,9 km een inham van de Hidden Bay, waar het voetpad begint naar de Yolanda Bay. 700 m van deze inham komt u op een andere tweesprong (tweesprong D): de rechterweg wordt aangegeven met een rode pijl, de linkerweg met blauwe, gele en zwarte pijlen.
De rechterweg (rode pijl) leidt na 3,5 km naar Yolanda Bay.
De Yolanda Bay werd zo genoemd omdat in het water ervoor de Yolanda, een Zuid-Afrikaans schip met een lading keramiek voor badkamers, schipbreuk leed.
Het wrak verdween in de diepte na een storm in 1986.
Vanaf de Yolanda Bay loopt een pad dat naar de Main Beach leidt.

Route 2b (rode, blauwe, gele en zwarte wegen). Op tweesprong D neemt u de linkerweg (rode, blauwe, gele en zwarte pijlen) en na 100 m komt u nogmaals op een tweesprong (tweesprong E). De blauwe pijl rechts geef de route aan naar de Main Beach op ongeveer 600 m afstand, een prachtig zandstrand waar u kunt zwemmen en dat een startpunt is voor sportduiken en scuba-duikroutes. De gele en zwarte pijlen links geven respectievelijk de routes aan voor de Shark Observatory Bay op 700 m afstand) en naar de stranden en duikplaatsen aan de zijde van Akaba. De gele weg leidt naar de Shark Observatory Bay: hiervandaan begint links een pad dat u kunt volgen naar de punt van de kaap en dat naar de haaienobservatiepost leidt, een prachtig balkon op ongeveer 55 meter boven de zeespiegel, waarvandaan u de koraalformaties kunt bewonderen en u een prachtig uitzicht over het park hebt. Als u terug bent op tweesprong E en naar rechts afslaat, volgt u de door de zwarte pijl aangegeven weg die naar de duikplaats van Eel Garden leidt. Hier begint een voetpad dat naar twee observatiepunten leidt.
Als u echter in noordelijke richting over de blauwe hoofdweg doorrijdt, komt u rechts een tweede zwarte weg tegen, die naar Akaba Beach, op ongeveer 100 m, leidt. Als u weer op de blauwe weg terugkomt, aangegeven met 'Exit', rijdt u in westelijke richting verder en komt u op het beginpunt van deze route (tweesprong C) terug, op 1,8 km van de parkeerplaats van tweesprong E.

51 boven
*Het Mangroven-kanaal, dat het naburige eiland van Kaap Ras Mohammed scheidt, heeft zijn naam te danken aan de talrijke mangroven (*Avicenia marina*) die langs de oevers staan.*

51 midden
Het blauwe en ondiepe water van Hidden Bay, wordt dikwijls bevolkt door watervogels die op zoek zijn naar voedsel.

51 onder
In de Mersa Barekabaai wordt een onderzoeks-centrum met laboratoria en woningen voor de onderzoekers gebouwd.

Onderwaterroutes

Er zijn talrijke locaties langs de kusten van Ras Mohammed waar u opwindende onderzee-verkenningen kunt ondernemen; de plaatsen worden verdeeld in twee groepen, die respectievelijk aan de westkant en aan de oostkant van het schiereiland liggen.

A *Westelijke locaties*

1) Het wrak van de *Thistlegorm*. Dit is misschien een van de mooiste duikplaatsen in de hele Rode Zee om een wrak te zien. De overblijfselen van het Engelse vrachtschip *Thistlegorm*, dat in 1941 door de Duitsers werd gebombardeerd, liggen op een zanderige zeebodem op ongeveer 30 meter diepte, in het zuidelijke gedeelte van de Shaab Alirif in de Golf van Suez; om precies te zijn ten noordoosten van de plaats die Shag Rock wordt genoemd.
Het wrak werd in 1956 door de kapitein Cousteau ontdekt en vanwege de grote afstand van Sharm el-Sheikh moet u voor een bezoek aan dit wrak op een zeereis van twee dagen rekenen.

2) Beacon Rock – *Dunraven*
Dit is de verste locatie, die zich bevindt op de grens van het zeegebied van het park, 8 mijl ten westen van Ras Mohammed en op een afstand van ongeveer 5 mijl uit de kust. Op een diepte tussen 18 en 28 meter, gelegen in de buurt van de koraalrotsen, bevindt zich het wrak van het in 1876 tijdens een reis van Bombay naar Newcastle gezonken schip *Dunraven*. U kunt hier haaien tegenkomen.

3) Small Crack
Een kanaal loopt door een zandlagune met talrijke zeewaaiers.

4) The Mushroom
Een grote koraalpinakel richt zich vanaf de bodem op; dichtbij kunt u op ongeveer 20 meter diepte een wrak zien liggen.

52 boven
De duikplaats langs de westkust van het schiereiland Ras Mohammed, die Alternative Reef wordt genoemd, wordt gekenmerkt door uitgestrekte koraalriffen.
Aan de oppervlakte wordt de zeespiegel door de verschillende rifdiepten in pasteltinten gekleurd.

52 rechtsmidden
Een school glasvissen (Pempheris vanicolensis) *vlucht dicht aaneengesloten weg, opgeschrikt door de komst van een sportduiker.*

52 linksmidden
Een dichte muur horsmakrelen (Caranx sexfasciatus) *zwemt door het blauwe water en verspreidt een zilverachtige weerschijn.*

52 linksonder
Bloemdieren in zachte kleuren, bonte sponsen en voortdurend bewegende visjes zijn de typische kenmerken van de meeste zeediepten van de Rode Zee.

5) Alternative Reef
Rondom dit grote gebied, dat ook via land toegankelijk is en dat door talrijke koraalbanken gekenmerkt wordt, kunt u interessante duiken maken en de rijke visfauna van het koraalrif bewonderen.

6) The Quay (ook bekend onder de naam Socony-Vacuum Quay). Net als voor de vorige plaats kunt u ook vanaf de kust onderwater duiken. Er is een gemengde fauna: zowel oceaan- als rifvissen.

53 rechtsboven
De Thistlegorm, *een met wapens uitgerust Engels vrachtschip, zonk op 6 oktober 1941 ten gevolge van een Duits bombardement. Het schip vervoerde oorlogsmaterieel, twintig vrachtwagens, bromfietsen, twee tanks, twee locomotieven en uniformen. Het wrak ligt nu 28 meter diep vast op de zeebodem.*

53 linksmidden
De sterke stroom en de overvloed van plankton dragen bij aan de groei van reusachtige zeewaaiers die de koraalriffen van de Rode Zee kenmerken.

53 rechtsmidden
Elegante en bonte zachte-koralen-formaties verfraaien de rifwanden en kenmerken op ondubbelzinnige wijze de zeebodem van de Rode Zee.

53 linksonder
De papegaaivissen (Scaridae) *zijn duidelijk herkenbaar aan hun bonte livrei en de typische bek, die bestaat uit twee flinke tandplaten waardoor zij grote stukken koraal, dat hun voedsel vormt, kunnen afbreken.*

53 rechtsonder
Grote formaties octocoralia verlenen het koraalrif het aanzicht van een weelderige bloementuin.

B *Oostelijke locaties*

1) Anemone City
Voor Shark Reef ligt op ongeveer twintig meter van de kust een interessante koraalbank, die eerst langzaam afdaalt en dan loodrecht, als een muur waaruit deinend koralen van grote afmetingen van het soort *Dendronephtya* sp. naar buiten steken, naar beneden stort.
Deze plaats heeft zijn naam te danken aan de buitengewone overvloed van zeeanemonen *Radianthus* sp., naast de zeewaaiers.
Er zijn bijzonder veel typische vissen van het koraalrif.

2) Shark Reef en Yolanda Reef
Twee koraalbanken aan de oppervlakte, oprijzend uit een zanderige zeebodem op 20-30 meter diepte, kenmerken dit prachtige sportduikgebied, dat op enkele honderden meters van de kust, ter hoogte van de oostpunt van de Hidden Bay ligt. U kunt hier vele oceaanvissen bewonderen. Het is een van de meest bezochte plaatsen, maar duiken wordt vanwege de sterke stromingen afgeraden voor beginners.
U kunt hier haaien tegenkomen.

3) Shark Observatory
Ter hoogte van het observatieplatform, dat via een van de landroutes toegankelijk is, kunt u een prachtig, bijna 90 meter diep koraalrif bewonderen, dat door vele oceaanvissoorten wordt bevolkt.
U kunt hier haaien tegenkomen.

4) Eel Garden
Op deze plaats, die ook via land te bereiken is (zie route 2b), kunt u op een zandbodem bijzonder veel palingen zien.

5) Ras Atar
Ter hoogte van Ras Atar, dat de diepe Marsa Barekabaai begrenst, loopt een rif tot op ongeveer 45 meter naar beneden met een rijke oceaanfauna en talrijke zeewaaiers.

54 boven
Een van de beroemdste duikplaatsen van Ras Mohammed is Shark Reef, of het Haaienrif, die bestaat uit een koraalbank die ter hoogte van het zuidoostelijke gedeelte van Hidden Bay aan de oppervlakte verschijnt. Net ten zuiden van Shark Reef kunt u Yolanda Reef zien, dat zijn naam ontleent aan het vrachtschip Yolanda, *dat hier in 1971 zonk.*

54 onder
Een echte muur van vleermuisvissen (Platax orbicularis) *zwemt onverstoorbaar vlak langs de fotograaf.*

6) Marsa Bareka
In deze grote baai met zanderige zeebodems op een diepte van gemiddeld 25 meter, kunt u een grote grot bezichtigen. Het is een duik die u alleen vanaf een boot kunt maken.

7) Ras Ghazlani
Deze plaats ligt ter hoogte van de oostpunt van de baai (tegenover Ras Aar) en wordt door een rijke oceaanfauna en door een indrukwekkende sterkoraalformatie gekenmerkt.

55 linksboven
Een prachtig exemplaar van een schorpioenvis (Pterois volitans) *ligt op de tak van een zeewaaier.*

55 linksonder
Een napoleonvis (Cheilinus undualtus) *doorzoekt de met zachte koralen begroeide rifwanden.*

55 rechtsboven
Een koraaltandbaars (Cephalopholis miniata) *komt uit zijn hol tussen het koraal en de bloemdieren te voorschijn.*

55 rechtsmidden
Enorme groepen zeewaaiers groeien langs de rifwanden en reiken tot de open zee.

55 rechtsonder
Duidelijk herkenbaar aan de eigenaardige vorm van zijn kop, zwemt een hamerhaai (Sphyrna lewini) *machtig en majestueus door het blauwe water.*

PRAKTISCHE INFORMATIE

Het park is van zonsopgang tot zonsondergang geopend en de toegangskaart kost 5$ per persoon; voor auto's betaalt u 5$ toegang. Aan het loket wordt een folder over het park verstrekt met enige informatie en de regels waaraan u zich binnen het beschermde gebied dient te houden.
U kunt alleen in de daarvoor bestemde zones kamperen in goed beschermde kleine baaien, in de buurt van het werkcentrum voor het parkpersoneel, na eerst toestemming bij het loket of het parkcentrum te vragen.
Bij het bezoekerscentrum is ook een koffiehuis, dat van 8.00-18.00 uur open is. In hetzelfde gebouw van het koffiehuis worden binnenkort enkele souvenirwinkels, een boekwinkel en een bibliotheek geopend. Als u van Sharm el-Sheikh naar Ras Mohammed rijdt, moet u bij de controlepost van het Egyptische leger uw paspoort laten zien.

56 boven
Op deze indrukwekkende foto vinden we de woeste schoonheid van de kusten van de Sinaï en de buitengewone rijkdom van de zeebodem van de Rode Zee terug.

56 onder
De schorpioenvissen (Pterois volitans) *hebben gifangels die pijnlijke steken kunnen toebrengen en ernstige koorts kunnen veroorzaken.*

57 linksboven
Van de gestroomlijnde lichamen van enkele grote barracuda's (Sphyraena qenie) *worden zilveren reflexen uitgestraald, die de zeebodem verlichten.*

57 rechtsboven
Langs de wanden van het koraalrif behoren de zachte koralen zeker tot de meest opzichtige elementen.

57 midden
Een groep gemaskerde vlindervissen (Chaetodon semilarvatus) *zwemt vlak langs het koraalrif.*

57 onder
De koraaltandbaars (Cephalopholis miniata), *een gulzige roofvis, voedt zich met visjes die langs de wanden van het koraalrif leven.*

58 boven
De lange tentakels van een zeeanemoon bieden bescherming aan een paar tweebandige anemoonvisjes (Amphiprion bicinctus).

58 midden
Een school glasvissen (Parapriachantus guentheri) *zwemt langs de ingang van een grot.*

58 onder
De zaklantaarn van een sportduiker maakt de kleuren van de koralen levendiger en laat duidelijk de fijne bouw van de takken van de zeewaaiers zien.

59 linksboven
De koralen, die zeer lang als een plantaardige vorm van leven werden beschouwd, behoren in werkelijkheid tot de groep octocoralia, omdat ze gevormd zijn door micropoliepen met acht tentakels.

59 rechtsboven
Een prachtige roze koraaltak, vol water en met de polieptentakels naar buiten gebogen, is waarschijnlijk bezig de door de onderzeestromingen vervoerde plankton te filtreren.

59 midden
De grote zeewaaiers groeien altijd evenwijdig aan de voornaamste stromingen, die de micro-organismen aanvoeren, waarmee de koraalpoliepen zich voeden.

59 onder
De vrij schuwe en bange grote tandvissen (Lutjanus bohar), *die de Arabieren* sham *noemen en de Engelsen* snappers, *houden zich ver van de door het toenemende aantal duiksportliefhebbers drukbezochte koraalriffen.*

Wadi Kid
El-Garghana
Naqb
STRAAT VAN TIRAN
Jackson Reef
Woodhouse
Small Lagoon
Large Lagoon
Thomas Reef
Gordon Reef
DAHAB
Vliegveld
Ras Nasrani
Ras Nasrani
Controlepost
White Knights
Shark Bay (Marsa es-Sadid)
SHEIKH COAST
Canyon
TIRAN
Tiger Bay
Hoeshasha
NAAMA BAY
Far Garden
Middle Garden
Near Garden
Mersa
el-At
Tower
Aboe
Tinoen
Anphoras
Pinkie's Wall
SHARM EL-SHEIKH
Turtle Bay
Paradise
Fiasco
Ras Oemm Sidd
Sharm el-Maiyabaai
Sharm el-Sheikhbaai
RAS MOHAMMED

SHARM EL-SHEIKH

Sharm el-Sheikh is een in 1968 gebouwd stadje dat zich aan de oostelijke zijde van de diepe inham Sharm el-Maiya bevindt, op een rotsachtige uitloper die zich naar het zuiden uitstrekt en uitloopt in Ras Oemm Sidd.
De baai Sharm el-Maiya heeft een toeristenhaven en is omringd door hotels en winkels, terwijl zich verder naar het westen, gescheiden door een landtong, de baai Sharm el-Sheik bevindt van een onder militaire controle staande haven. Hier zijn permanent zowel enige Egyptische als Israëlische en Italiaanse kustwachtschepen gestationeerd, de laatste als deel van de multinationale strijdkrachten.
In deze tweede baai legt het schip aan dat dagelijks Sharm el-Sheikh met Hoergada verbindt.
Vanaf Sharm el-Sheikh loopt de weg in noordelijke richting door naar de wijde inham van Naama Bay, op 7 km afstand.
Op ongeveer 2 km afstand van de plaats Sharm kunt u links een wonderlijk kalksteenmassief zien, gevormd door verwering, dat nu een herinnering oproept aan het profiel van John Fitzgerald Kennedy.
Naama Bay heeft zich in enkele jaren tot het echte toeristencentrum van de zuidelijke Sinaï ontwikkeld en hier heeft zich het merendeel van de hotels en duikcentra geconcentreerd.
Voorbij Naama Bay loopt de weg evenwijdig aan de kust met drie andere kleinere inhammen, waarvan de tweede, die nu Coral Bay wordt genoemd, plaats biedt aan het grootste hotelcomplex voor toeristen van de hele Sinaï, dat Sheikh Coast heet. In de derde, de Shark Bay, kunt u een reeks bungalows met bijbehorend restaurant en duikcentrum bereiken als u de wegen inslaat die vanaf de hoofdweg lopen, respectievelijk 3 en 6 km na Naama.
De weg loopt naar het noorden door tot Ras Nasrani, waar het internationale vliegveld ligt. Na een controlepost van het Egyptische leger loopt de weg door in noordwestelijke richting en verbindt daar Sharm el-Sheik met Dahab. Vanaf Sharm el-Sheikh, of beter nog van Naama Bay, kunt u een reeks excursies in de omringende woestijn maken of duiken in de zeediepten voor de kust tussen de baai van Sharm el-Maiya en Ras Nasrani.

60 Dit kalksteenmassief, dat zich aan de uitgang van Sharm el- Sheikh, langs de weg naar Naama Bay, bevindt, is een van de voornaamste bezienswaardigheden in dit gebied: het door verweringsinvloeden gemodelleerde profiel op de rots doet aan het profiel van de Amerikaanse president John F. Kennedy denken.

SANAFIR

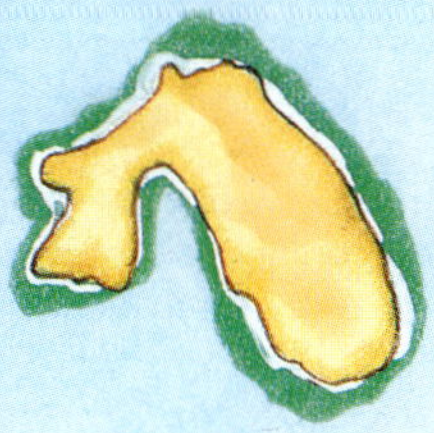

61 onder
De baai Sharm el-Maiya wordt ten oosten door Ras Oemm Sidd en ten westen door een landtong begrensd, die hem scheidt van een tweede baai, die Sharm el-Sheikh wordt genoemd.

61 boven
Ten zuiden begrenst het eiland Tiran samen met het kleinere eiland Sanafir de Golf van Akaba en vormt de Straat van Tiran. Deze eilanden, die aan Saudi-Arabië behoren, maar aan Egypte in concessie zijn gegeven, zijn tot beschermd gebied verklaard en toegevoegd aan het Nationale Park Ras Mohammed.

62 boven
Het dorp Sharm el-Sheikh, gebouwd rondom Sharm el-Maiya, is in de laatste tien jaar een van de drukst bezochte toeristenplaatsen voor Europese sportduikers geworden.

62 midden
In de luchtopname kunt u de oostkant van de Sharm el-Maiyabaai met het strand en het grote hotelcomplex van de Hilton Residence herkennen.

62 onder en 63 boven
In Sharm el-Maiya bevindt zich de voornaamste toeristenhaven van de Zuid-Sinaï, die bijzonder goed is uitgerust om plaats te bieden aan het steeds toenemende aantal plezierboten dat hier aanlegt.

63 onder
De kust ten westen van de vuurtoren van Ras Oemm Sidd wordt gekenmerkt door een uitgestrekt koraalrif en een hoge klif.

NA'AMA BAY
Benzinestation
Nawara Farm
Kunstoase
Tandarts
Sharm Club (Waaier)
New Beiroet
Egyptische woonwijk
Barracuda Hotel
Sandy Hotel
Winkels
Ivan of Sinai
Hotel
"Kop van
Kennedy"
Winkelcentrum
Khan El-Khalil
Restaurant
Benzinepomp
Winkels
Markt
South Sinai Travel
Apotheek
Winkels
Bank
Bank
Delfino Hotel
Winkels
Bus
Postkantoor
Crocodile Egypt Travel
Supermarkt
Cliff Top Hotel
Happy Trip Co.
Intercontinental
Hotel
Bank
Fety Land
camping
Jeugdherberg
El-Kheima Hotel
Moskee
Diving World Scubatour
Stomerij
Duikcentrum
Jachthaven
Telefoon/telegraaf
Bakker
Nadi
el-Riabat
Seti I Hotel
Politie
Politie
Discover
Scuba Center
Hilton Residence
Hilton
Residence
Hotel
In aanbouw
MFO
Waterpolitie
Militaire haven
Lift van
Hilton
Residence
Strand
van Hilton
Residence
SHARM EL
SHEIKHBAAI
SHARM EL-MAIYABAAI
Ras Oemm
King Snefroe
Venta Club

65 linksboven
De aanlegsteiger op de zuidpunt van Naama Bay is een trefpunt voor de talrijke sportduikers die iedere morgen op verschillende plaatsen gaan duiken.

65 linksonder
Aan het strand van Naama Bay, dat beschikt over vele toeristenfaciliteiten, kunt u alle soorten watersport beoefenen.

65 rechts
Naama Bay, dat enkele kilometers ten noorden van Sharm el-Sheikh ligt, is in enkele jaren tot het belangrijkste toeristencentrum van de gehele Sinaï uitgegroeid en is het toneel geweest van een explosieve hotelbouw.

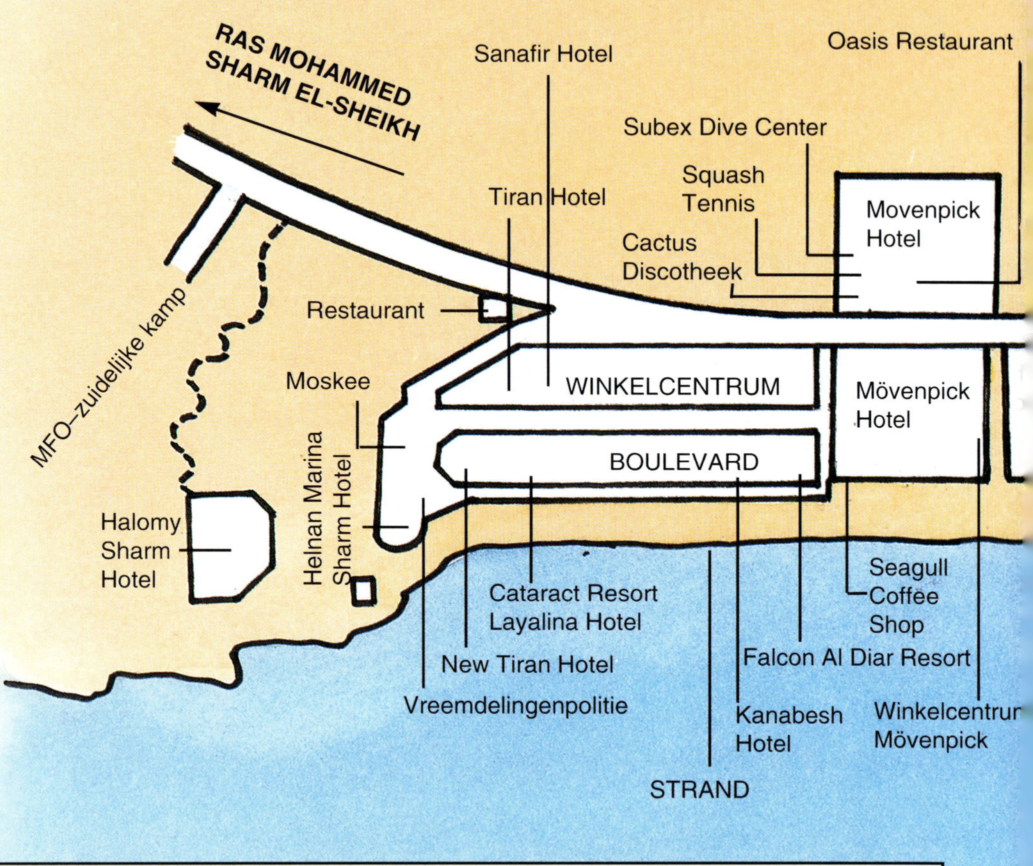

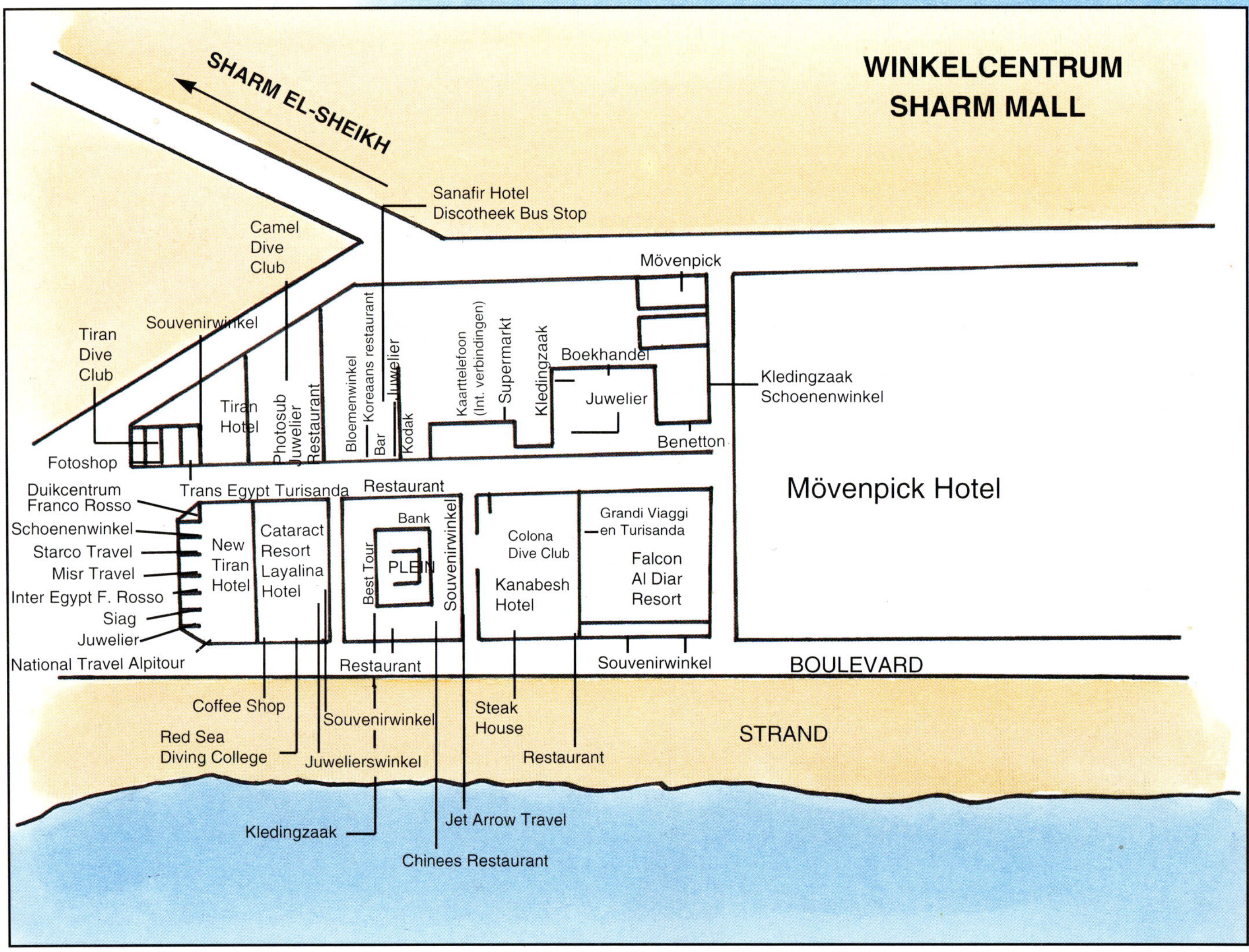

NAAMA BAY

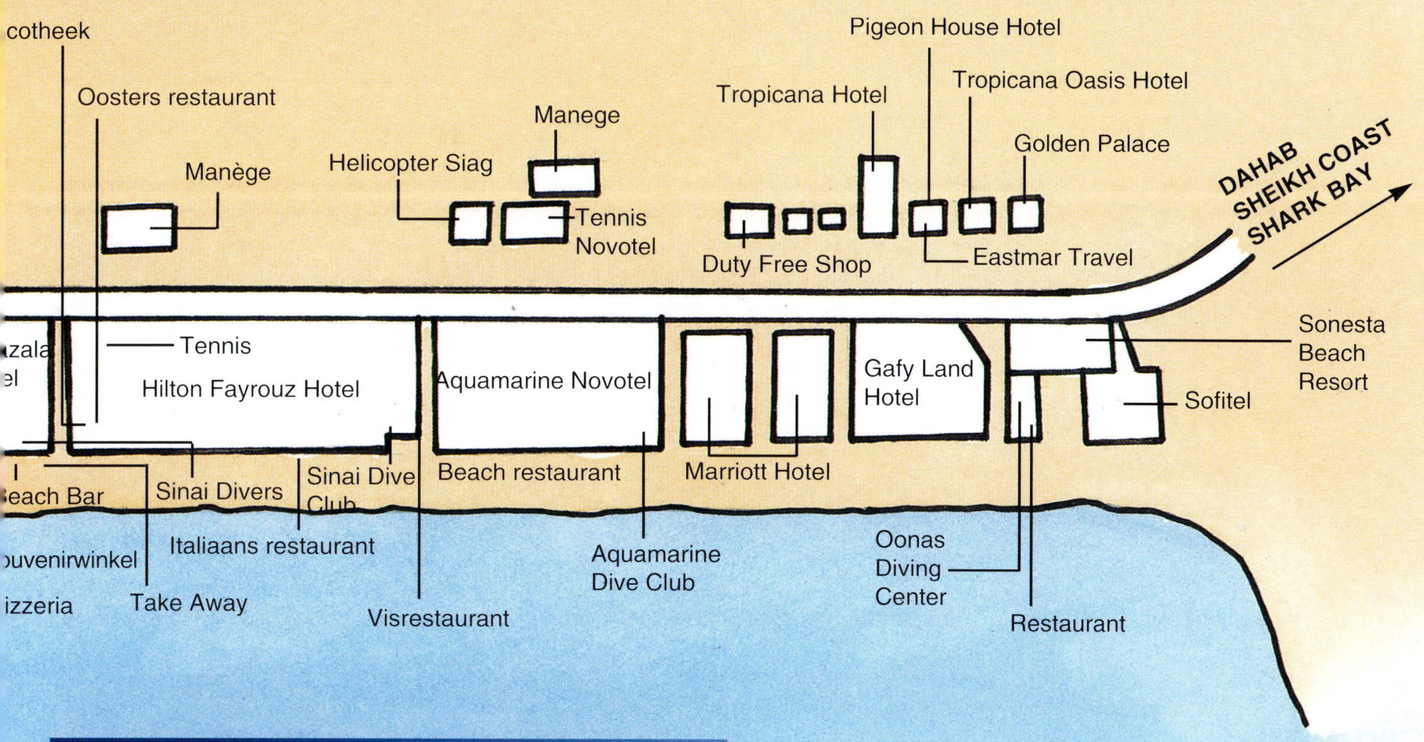

cotheek
Oosters restaurant
Manège
Helicopter Siag
Manege
Tennis
Novotel
Tropicana Hotel
Pigeon House Hotel
Tropicana Oasis Hotel
Golden Palace
Duty Free Shop
Eastmar Travel
DAHAB
SHEIKH COAST
SHARK BAY
Tennis
Hilton Fayrouz Hotel
Aquamarine Novotel
Gafy Land
Hotel
Sonesta
Beach
Resort
Sofitel
each Bar
Sinai Divers
Sinai Dive
Club
Beach restaurant
Marriott Hotel
Italiaans restaurant
Aquamarine
Dive Club
Oonas
Diving
Center
Restaurant
Take Away
Visrestaurant
izzeria

66 boven
Ondanks de hoge concentratie van toeristenfaciliteiten behouden de kusten van Naama Bay nog talrijke onbedorven plaatsen, vooral in het noordelijke gedeelte, waar zich enkele rijke koraalbanken bevinden, zoals de Near Garden en Far Garden, die het doel van onderwater-excursies zijn.

66 midden
Het nieuwe wooncomplex Sheikh Coast ligt langs een grote baai ten noorden van Naama Bay.

66 onder
In Shark Bay, onmiddellijk ten noorden van Sheikh Coast, bevinden zich een toeristendorp en een goed uitgerust duikcentrum.

67 boven
De talrijke toeristengebouwen en duikcentra, die in de laatste jaren in korte tijd zijn ontstaan, garanderen de liefhebbers van zee en duiksport een uitstekende organisatie.

67 midden
De warme kleuren van de Sinaï-woestijn vormen een contrast met het intens blauwe water van de Rode Zee.

67 onder
De vuurtoren iets ten noorden van Ras Nasrani, gebouwd in een gebied met koraalriffen dat het water van de Golf van Akaba van een ondiepe binnenlagune scheidt, geeft de schepen toegang tot de Straat van Tiran.

Onderwaterroutes

Langs de kust tussen Sharm-el-Sheikh en Ras Nasrani zijn talrijke interessante plaatsen voor het beoefenen van de duiksport. De belangrijkste hiervan zijn:

1) Temple
Deze plaats, die door vele duikcentra gebruikt wordt voor de eerste oriënterende duikoefeningen, dankt zijn naam aan drie grote pinakels die als tempelzuilen vanaf de bodem verrijzen.

2) Ras Ynn Sid
In de onmiddellijke omgeving van de vuurtoren Ras Oemm Sidd, op kleine afstand van de hierboven vermelde plaats, kunt u een echt woud van zeewaaiers tussen de glasvissen en kleine *Anthias* bewonderen.

3) Amphoras
Deze plaats dankt zijn naam aan de aanwezigheid van een wrak uit de 16e eeuw, dat kruiken met kwik transporteerde.

4) Tower
Het gaat om een steile helling die in het blauwe water tot een diepte van ongeveer 60 meter afdaalt.

5) Near Garden
Aan de noordkant van Naama Bay kunt u vanaf deze plaats duiken tot een diepte van niet meer dan dertig meter.

6) Far Garden
In Far Garden, dat iets meer naar het noorden ligt ten opzichte van de vorige plaats, kunnen sportduikers spelonken bewonderen die zich op ongeveer tien meter diepte in de wand ontsluiten.

7) Shark Bay
De duik wordt op de koraalbank gemaakt, die zich in het zuidelijke gedeelte van de baai bevindt en die door een kleine canyon wordt doorkruist.

68 boven en midden Kaap Ras Oemm Sidd met de vuurtoren begrenst ten oosten de baai van Sharm el-Maiya. Het bijzonder grote koraalrif maakt dit stuk zee tot een van de drukst bezochte duikplaatsen.

68 onder De kust ten noorden van Sharm el-Sheikh, ter hoogte van de plaats Nabq, wordt omzoomd door een uitgestrekt koraalrif en een groot mangrovenbos.

8) Ras Nasrani
Ter hoogte van de uitgestrekte koraalbank, die de kaap van Nasrani omzoomt, kunt u op zo'n twintig meter diepte een rijke riffauna bewonderen.
U kunt ook iets meer naar het noorden, ter hoogte van de vuurtoren van Ras Nasrani, onderwaterexcursies maken. Hier daalt de koraalrots tot een diepte van 45 meter.

9) Straat van Tiran
Tegenwoordig kunt u in de buurt van het Gordon- en Jacksonrif onderwaterduiken.
In beide plaatsen zinkt het koraalrif tot 70 meter in het blauwe water en kunt u een mooie oceaanfauna bekijken (hier zijn ook haaien gesignaleerd). Hier staat een bijzonder sterke stroom.

69 linksboven
Op de luchtfoto kunt u gemakkelijk het punt herkennen waar de koraalrif in de zeediepte afdaalt. Op de foto is Near Garden te zien, een van de drukst bezochte duikplaatsen, niet ver van Naama.

69 linksmidden
Een tandbaars (Plectropomus marisrubri) *zoekt beschutting onder een uitstekende rifpunt, tussen de alom aanwezige veelkleurige zachte koralen.*

69 linksonder
De wimpelvissen (Heniochus diphreutes) *worden gekenmerkt door twee brede, donkere banen over het schotelvormige lichaam en een lange staartvin.*

69 rechtsmidden
De uitzonderlijke ontwikkeling van de octocoralia in de Rode Zee is eveneens te danken aan het feit dat de temperatuur van het water nooit lager is dan 20° C.

70 boven
Een grote paraplusteenkoraal, die boven de wonderlijke hersenkoraalformaties uittorent, biedt een schuilplaats en bescherming aan rifvisjes.

70 midden
's Nachts doet het donkere water de fijne bouw van deze zeewaaiers, die een echt onderwaterbos vormen, goed uitkomen.

70 onder
Al enkele centimeters onder de waterspiegel toont het rif zijn onuitputtelijke rijkdom. Ook wie geen sportduiker is, kan de onderwaterflora en -fauna van dichtbij bewonderen.

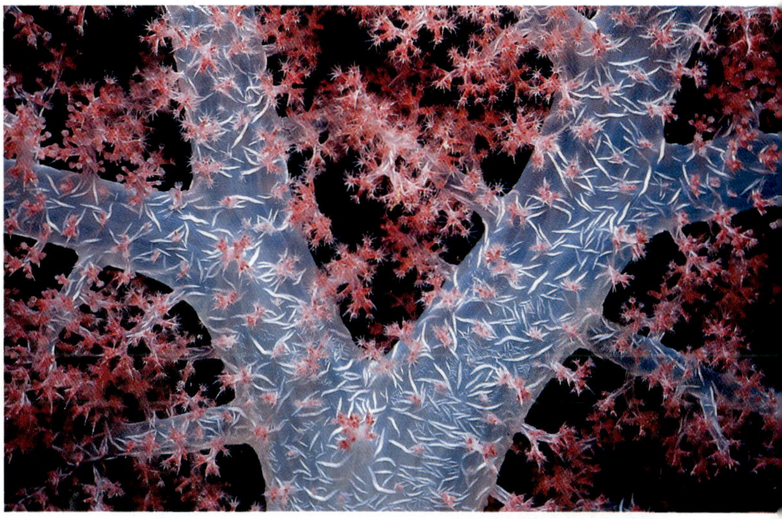

71 linksboven
Takken zeewaaiers, sponsen en sterkoralen bedekken de wanden van een grot volledig en bieden een fantastisch decor.

71 linksonder
Een schorpioenvis (Pterois volitans) *toont de stekels van de borstvinnen, die door het doorschijnend vlies op veren lijkt.*

71 rechtsboven
Deze vergroting toont u duidelijk zowel de minuscule wijd geopende poliepen van een tak octocoralia in detail als de doorzichtige structuur van de colladorieten, die de opperhuid van de kolonie vormen.

71 rechtsonder
Een klein, maar vermetel tweebandig anemoonvisje (Amphiprion bicinctus) *verlaat de veilige, door de tentakels van de zeeanemoon geboden schuilplaats en zwemt dreigend naar de sportduikers toe, die zijn grondgebied zijn binnengedrongen.*

WADI EL-AAT

De echte bedoeïenennaam van Naama Bay is Marsa el-Aat (de 'Baai van el-Aat'). In deze zone eindigt de brede bedding van de Wadi el-Aat in zee. Veel hotels en het winkelcentrum Sharm Mall zijn precies op de uitmonding van de wadi gebouwd, zonder dat hierbij rekening is gehouden met het gevaar voor overstromingen. Om dit grote gevaar te beperken is ten noorden van Hotel Mövenpick een dijk gebouwd die de Wadi el-Aat afsluit en het stromende water tegenhoudt. Deze dijk kunt u zien als u over de nieuwe asfaltweg rijdt (die nog niet helemaal klaar is), die is aangelegd om het vrachtverkeer om de bebouwde kom heen te leiden.

Route

Als u van Naama Bay komt, slaat u meteen na het Mobil-benzinestation af naar rechts. Na ongeveer 2 km wordt de straat een weg en splitst zich in tweeën. U neemt de rechterweg en vlak hierna wordt deze gekruist door de nieuwe buitenweg. Aan de rechterkant komt u een bedoeïenendorp tegen, dat bestaat uit golfplaten en stenen. Meteen na het dorp verheffen zich rechts drie kleine graniettoppen van de Djebel Roewesat el-Nima, vanwaar u een mooi uitzicht hebt op de Wadi el-Aat Sharkoei en ook nog een glimp van de dijk op kunt opvangen. De weg, die goed is aangelegd, loopt om deze verlaten berg in noordelijke richting verder en komt langs de Djebel Dagilat. Op ongeveer 8,5 km van het begin van de weg komt u op een tweesprong: de linkerweg gaat naar het westen en bereikt een granietafgraving, waar u enorme blokken kunt zien, die met eenzelfde soort techniek als ten tijde van de farao's worden uitgehouwen. Hier kunt u beter de linkerweg vermijden en over de rechterweg verder rijden, die de loop van de Wadi el-Aat volgt, waarbij u de Djebel Wair rechts laat liggen.
De weg komt dan in een ander bedoeïenendorp, dat door de weg in tweeën wordt verdeeld. Wij raden u aan er omheen te rijden, om de bezigheden van zijn bewoners niet te verstoren. Tegen de grote granietrotsen staan enkele interessante oude stenen bouwwerken. Als u het dorp voorbij bent, loopt de weg naar links en komt u in het noordelijke gedeelte van de Wadi el-Aat aan en rijdt u langs de prachtige roodkleurige basaltbergkammen, die de granietblokken onderbreken.
De weg loopt verder, geploegd door de sporen van talrijke jeeps, op zoek naar gemakkelijker begaanbare wegen.
Als u dezelfde richting aanhoudt, komt u na enige kilometers in een mooie, in grijs graniet uitgesneden kloof, waar grote roze granietstenen en basaltrotsaders te zien zijn: we zijn in Aed el-Aat, het waterreservoir van de Wadi el-Aat. Hier vormt zich 's winters dan ook na regenbuien een waterval en worden enkele waterplassen gevormd, waar de dieren hun dorst komen lessen.

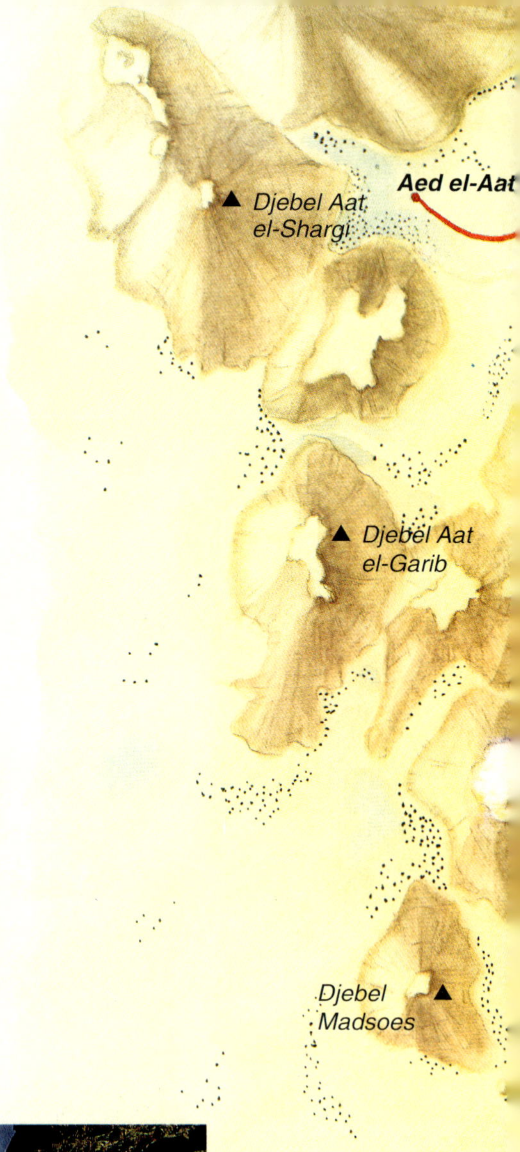

Hier kunt u zelfs in het droge seizoen, als u even in het grove zand graaft, genoeg water vinden om de kamelen te drenken.
Als u de auto uitgaat, kunt u een korte wandeling maken op de enorme tussen de wanden van de bergkloof geklemde rotsen. Na enkele meters kunt u links een door de kamelen gebruikt pad herkennen: de bedoeïenen kennen hier een weg die Wadi el-Aat rechtstreeks met de helling van el-Tor verbindt.
Dit is ook een plaats waar het zelfs midden in de zomer nog aardig fris blijft, omdat het door de enorme rotsen beschermd is en in de schaduw van talrijke acacia's ligt. Als u op de terugweg de tweesprong bereikt die u op 8,5 km aan het begin van de route tegenkwam, kunt u in oostelijke richting afslaan langs een van de talrijke paden die voorbij een uitgestrekte steile helling van granietzand naar Naama Bay leiden. Dan gaat u

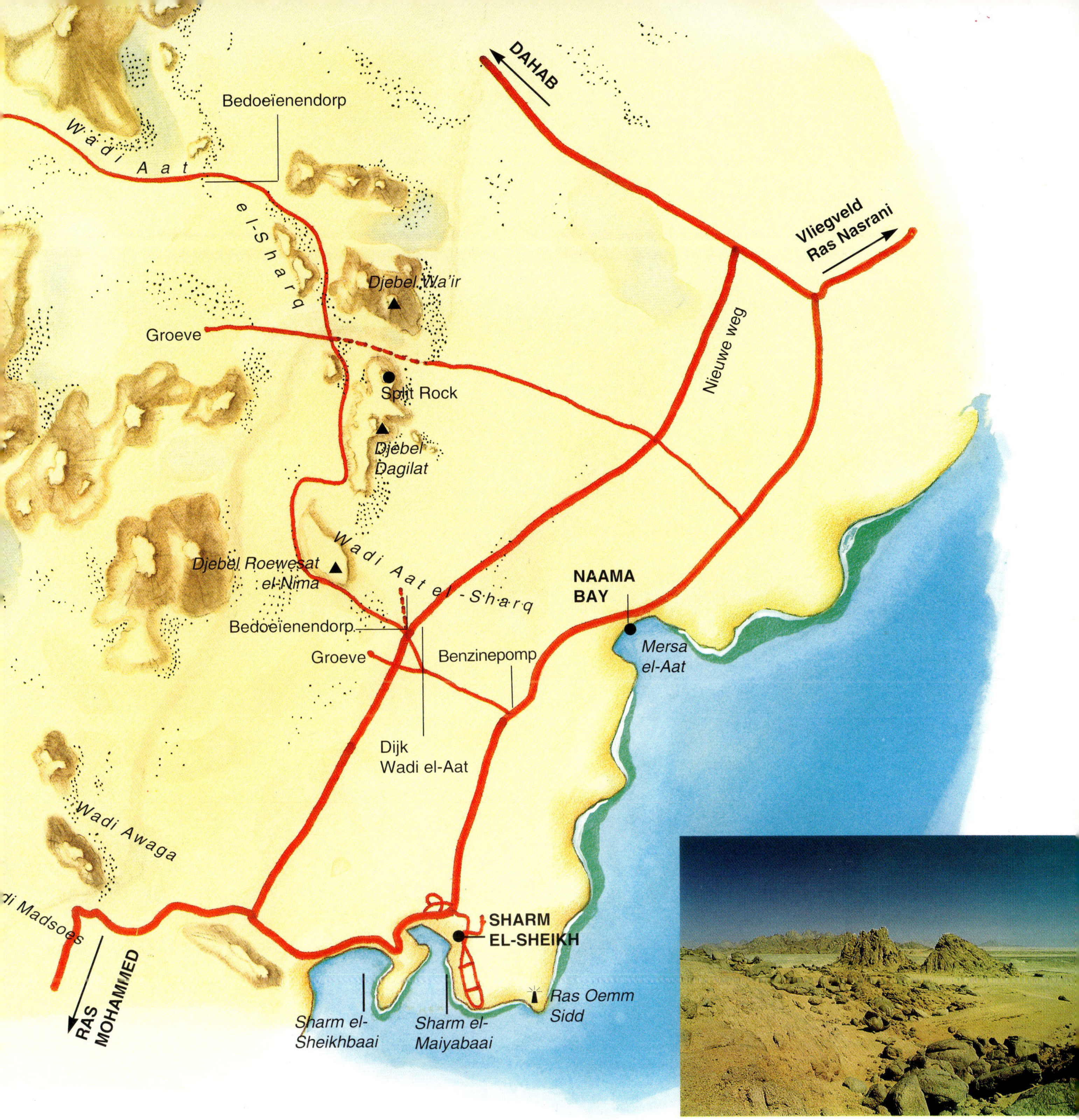

weer rechtdoor, terwijl aan de horizon het einde van de woestijn met de zeelijn vervaagt. Rechts ziet u de 'Split Rock', een grote gespleten rots die een ontmoetingsplaats is voor de bewoners van Sharm el-Sheikh. Het is het vertrekpunt voor nachtelijke feesten in de woestijn. Op 6 km van Split Rock ligt de nieuwe geasfalteerde ringweg van Naama Bay, die evenwijdig aan de kust loopt. Als u deze overgestoken hebt en rechtdoor rijdt, komt u op de hoofdweg tussen Naama Bay en Sheikh Coast uit. Deze excursie is niet lang en niet moeilijk, maar dikwijls zijn de paden onduidelijk of worden ze door de regen uitgewist of gewijzigd.
Daarom raden wij degenen die de streek niet kennen of geen goede woestijnervaring hebben aan een bedoeïenengids in te schakelen en zich door hem te laten begeleiden, of ten minste bij het vertrek de politieautoriteiten te waarschuwen.

72 Het diepste en indrukwekkendste gedeelte van de Wadi el-Aat bestaat uit een nauwe bergkloof waardoor u alleen te voet of per kameel kunt komen.

73 De granietpieken van de Djebel Roewesat el-Nima, die u kunt bewonderen als u langs de Wadi al-Aat rijdt, bevinden zich op enkele kilometers van de kust.

Wadi Kid
DAHAB
Djebel Goerabi el-Kebir
Djebel Goerabi el-Atsham
Djebel Goerabi el-Gharbi
Wadi Qabila
Djebel Qabila
Djebel Wa'ara
Ras Atantûr
Wadi Samra
Mangroven
Djebel Tarr
Wrak van de Maria Schroeder
Wadi Gharâbi el-Hetei Miya
Wadi Tarr
Djebel Oemm Abram
Vissershutten
Cementfabriek
Wadi Kid
Mangroven
Fabriek voor de garnalenverwerking
Wadi Samma
Bedoeïenenhutten
Wadi Oemm Adawi
Nakhlet el-Tel
Djebel Oemm Barqa
Djebel Bakarat
Djebel Oemm Araf
Mangroven
el-Garghana
Wadi Bakarat
Djebel Hamra
W. Nabila
Wadi Mendar
W. Farash
School
W. Matersha
Wadi Garbarda
Bedoeïenenkamp
Djebel Eth Themain
Djebel Moeweind
Oase Nabq Check Point
Wadi Leith
Djebel Elgoewar
Wadi Oemm Adawi
Vuurtoren
STRAAT VAN TIRAN
Djebel Asawîra
Militaire observatiepost
Djebel Qaida
MFO-observatiepost
SHARM EL-SHEIKH NAAMA BAY
Vliegveld
Ras Nasrani

WADI MANDAR

Het gaat om een korte en niet ingewikkelde, maar bijzonder indrukwekkende excursie in het zachte middaglicht, als de kleuren en vormen van de rotsen goed uitkomen en zich scherper aftekenen. Er wordt echter aanbevolen op de terugweg voor het laatste daglicht terug te gaan naar de asfaltweg, zodat u nog de verschillende sporen, die zich in het zand kruisen, kunt zien om de hoge zandgedeelten te vermijden.

Route

Als u op 20,3 km vanaf de controlepost van het Egyptische leger de weg Sharm-Dahab neemt, opent de Wadi Mandar zich aan de linkerkant van de asfaltweg. Dankzij een witgeschilderd schoolgebouw voor bedoeïenenkinderen kunt u de ingang gemakkelijk herkennen. Hier staan talrijke plaathutten van de bedoeïenen, die al lang hun nomadenbestaan voor een vaste woonplaats hebben verruild en u graag hun kamelen verhuren als u zin hebt de auto achter te laten (voor een uur met begeleider moet u op ongeveer 25/30 Egyptische pond rekenen). Wie met de auto verder rijdt, moet proberen de belangrijkste en meest begaanbare weg te volgen.
Het dal bestaat uit een opeenvolging van uitgestrekte vlakten, begroeid met talrijke acacia's en begrensd door lage granietheuvels, die worden doorsneden door basaltblokken en rotsaders, die een zwart netwerk in de lichter getinte rotsen tekenen. Op 13 km van het begin van de weg is de wadi rechts afgesloten door een hoge muur van stenen en gruis.

75 Een excursie naar de Wadi Mandar geeft u de gelegenheid een prachtig woest landschap te bezoeken, dat net buiten de poorten van Naama Bay ligt. Langs de wanden van de wadi kunt u enkele prachtige rotsaders zien, infiltraties van zwarte vulkaanrots, die zich tussen de al eerder bestaande rode graniet-formaties hebben ingeklemd.

WADI KID - OASE AIN KID

De Wadi Kid begint in het hart van het Centrale Massief van de Sinaï en loopt dan verder en stort zich ter hoogte van Nabq in de Golf van Akaba. Deze excursie behelst het gedeelte van de wadi dat zich in noordwestelijke richting, links van de asfaltweg, ontwikkelt.

Route

Het spoor dat langs de wadi loopt en naar de oase van Ain Kid leidt, begint op 41,6 km vanaf de Egyptische militaire controlepost. Er is niets dat duidelijk de ingang van de wadi aangeeft. Het pad dat een paar meter lager dan de asfaltweg ligt, is als u het eenmaal bent ingeslagen duidelijk zichtbaar: er zijn geen zanderige stukken en het terrein bestaat uit steenslag.
Op 13,5 km van de ingang van de wadi staat rechts een gladde, ronde roze granietrots, doorkliefd

76 boven
Als u te voet de Wadi Kid beklimt, komt u in een dal met enkele waterbronnen, palmen, moestuinen en door bedoeïenen bewoonde stenen huizen.

76 midden
De Wadi Kid eindigt in een nauwe bergkloof, waar u de jeep moet achterlaten en te voet door een tamelijk grillig en door grote rotsen versperd gebied verder moet gaan.

76 onder
Door zijn grote schoonheid, verscheidenheid van landschappen en de nabijheid van de Naama Bay, is de Wadi Kid tegenwoordig een van de meest bezochte toeristenplaatsen.

door diepe spleten. Na 1 km, aan de rechterkant van de weg, komt u het enige bedoeïenendorp van het dal tegen, dat het gehele jaar bewoond is en op een rotsterras geen overlast ondervindt door hoge waterstand bij stortregens. Vlak hierna beginnen de eerste omheinde tuinen en kunt u twee zwarte kunststofbuizen zien, die water naar het dorp leiden en rechts langs de onderkant van de rotsen lopen. Op 16,5 km ziet u een interessante groep granietrotsen, die bestaan uit een onderstuk met hierop twee grote keien, midden in het bed van de wadi verrijzend. Ondertussen komen de rotswanden steeds dichter bij elkaar en sluiten ze na een flauwe bocht naar rechts in een prachtig geometrisch vormenspel.
Als u de auto hier achterlaat en het pad rechts inslaat, begint de wandelroute: de plaats is woest en de aanwezigheid van een overvloedige grondwaterspiegel is erg gunstig voor de groei van acacia's, fruitbomen en weelderige palmen.
Na twee of drie vrij moeilijke doorgangen tussen de grote granietkeien loopt het pad weer gemakkelijk verder.
De omringende bergen zijn hoog en streng, de stilte wordt slechts onderbroken door het zingen van een enkele vogel en het ruisen van de wind tussen de palmen. Rechts staat een wonderlijke koepel vormige grote rots, terwijl links van het pad een muurtje staat, dat als dijk dient voor het opvangen van het regenwater. Onmiddellijk hierna komt u enige steenhutten tussen de palmen tegen, die bijna alleen tijdens het seizoen van de dadeloogst worden bewoond. Er zijn talrijke putten, die eveneens met stenen zijn gebouwd.
Ain Kid is een echte tuin van dadelpalmen, ingesloten tussen de bergen, die nog niet te veel is beïnvloed door het toerisme.

77 boven
In het hoger gelegen deel van de Wadi Kid kunt u vrij dikwijls bedoeïenen tegenkomen, die hier wonen. De grond is tamelijk rijk aan water, waardoor op bescheiden mate landbouw kan worden uitgeoefend.

77 midden en onder
Het oostelijke gedeelte van de Wadi Kid bestaat uit kalk- en zandsteenformaties. Op deze zachte rotsgesteenten, die zich tijdens het Tertiair gevormd hebben, zijn dikwijls duidelijke sporen van de verweringsinvloeden te zien.

NATIONALE PARK NABQ – MANGROVENOASE – WADI QABILA

De te volgen route gaat over de zogenoemde 'oostpiste', een landweg die in de regel goed begaanbaar is en door de bedoeïenenvissers wordt gebruikt en sinds kort door het toerisme is ontdekt. Het gebied van Nabq, dat zich over 600 vierkante kilometer uitstrekt, is tot beschermd gebied verklaard en sinds 1992 in het Nationale Park Ras Mohammed opgenomen. Het gevoelige natuurlijke evenwicht van deze kuststrook rechtvaardigt beslist de bijzonder strenge milieubeschermingspolitiek die door de parkautoriteiten wordt gehanteerd. Deze bijzonder mooie plaatsen bieden de bezoeker de gelegenheid een lagunegebied te observeren dat wemelt van leven, in tegenstelling tot de stille leegte van de aangrenzende woestijn. De heremietkreeften en krabben van de modder behoren tot de talrijkste bewoners van deze stranden en vooral deze laatste hebben, dankzij hun verwoede graafwerkzaamheden, een zeer belangrijke rol; hierdoor worden de afzettingen voortdurend goed gemengd en wordt dientengevolge gezorgd voor de nodige zuurstof en bemesting van het terrein.

In Nabq bevindt zich het grootste mangrovenwoud van de gehele Sinaï, dat zich over meer dan 4 km langs de kust uitstrekt.

Deze planten, met de kenmerkende aan de wateroppervlakte reikende wortels en de lage bladen, die ruw zijn van het zout, behoren tot de soort *Avicenia marina,* een bijzondere soort mangrove, die alleen in deze streek voorkomt en waarvan de wortels in staat zijn het zeewater te filtreren en de zoutkristallen (natriumchloride) via de bladeren uit te stoten.

78 boven
Hier kunt u duidelijk de indrukwekkende afmetingen van de koraalformaties zien die zich langs de kusten van Nabq uitstrekken.
Het strand is hier omzoomd door dichte mangrovengroepen.

78 onder
Het 'Mangrovenwoud, in het beschermde gebied van Nabq ten noorden van Naama Bay, is het grootste en belangrijkste van de Sinaï.
De mangroven (Avicenia marina) *filtreren het zeewater en stoten de zoutkristallen via de bladeren uit.*

De mangroven zijn bovendien belangrijk omdat ze met hun wortels de aanslibbingen vasthouden en zodoende de erosie van de kustlijn beperken. De mangrovenoase van het Nabq-park wordt als de noordelijkste plaats van het gebied van de Rode Zee en Indische Oceaan beschouwd waarin de *Avicenia marina* zich heeft ontwikkeld. Nabq heeft talrijke diersoorten: vanaf de kleinste vissen, die hun eieren leggen in het lage, veilige water dat de mangroven omringt, tot de

verschillende vogels, die hun nest tussen de takken bouwen, dicht bij de zee, die voedsel in overvloed biedt. In de oase Nabq kunt u gemakkelijk de witte en grijze reigers, grote visarenden en tijdens de trekperiode ooievaars observeren. De wadi, die tot aan de kust lopen, vertonen in dit beschermde gebied een unieke plantengroei voor de zuidelijke Sinaï, die een ideale habitat vormt voor verschillende wilde diersoorten (vossen, gazellen, hyena's, steenbokken enz.) en tegelijkertijd een regulerende werking op de verplaatsing van de zandduinen uitoefent.

79 boven
Sinds kort is het beschermde gebied van Nabq in het Nationale Park Ras Mohammed opgenomen en wordt hier een streng beschermingsbeleid gehanteerd, absoluut noodzakelijk om dit onaangetaste milieu te behouden.

79 midden
De plantengroei in de oase Nabq bestaat niet alleen uit mangroven, maar ook uit verschillende palmsoorten.

79 onder
Talrijke kreeftachtigen leven in het lage water rondom de mangroven en graven hier hun holen uit.

Route

Als u voorbij het vliegveld Ras Nasrani bent, loopt de asfaltweg door in de woestijn, door met prikkeldraad afgeschermde velden, waar nog landmijnen liggen. Rechts bevindt zich een militaire basis van de MFO die een goede ligging ten opzichte van de Straat van Tiran heeft. Enige meters verder begint, na een geasfalteerd pleintje, dat als helikopterlandingsplaats diende, een weggetje dat leidt naar de oude militaire observatiepost die tijdens de oorlogen tussen Egypte en Israël in gebruik was. Het nu half verwoeste betonnen platform was de basis van een groot, zwaar artilleriegeschut waarmee men de doorgang van het kanaal kon controleren.

80 boven
Het nieuwe internationale vliegveld Ras Nasrani is het belangrijkste van de Sinaï; het is in staat het steeds drukkere toeristenverkeer op te vangen.

80 midden
Het wrak van het vrachtschip Maria Schroeder, *dat in 1965 op de koraalbanken vastliep, is een van de drukst bezochte toeristenplaatsen in het gebied van Nabq.*

80 onder
Het uitgestrekte koraalrif voor de kust ter hoogte van het vliegveld Ras Nasrani is bijzonder mooi en een van de meest geliefde plaatsen zowel voor sportduikers als voor wie eenvoudig met een masker en zwemvliezen het schouwspel van de fauna van het koraalrif wil observeren.

De weg, die hier niet meer geasfalteerd is, loopt verder en buigt na een paar flauwe bochten naar rechts af en loopt dan evenwijdig aan de kust. Aan de horizon, langs de andere kust van de Golf van Akaba kunt u in de verte Saudi-Arabië zien. Op 6,5 km van de oude militaire observatiepost loopt de weg langs een van de vuurtorens van het kanaal en komt na enkele meters weer samen met een andere weg, die in noordoostelijke richting doorloopt. Op 9,7 km van de observatiepost bevindt zich de kleine oase Nabq. De controlepost van het Egyptische leger ligt verborgen tussen weelderige palmpluimen, die duiden op de aanwezigheid van een tamelijk hoge grondwaterspiegel. In de regel controleren soldaten hier uw paspoort. Op 4 km van de militaire controlepost komt u de eerste groep mangroven tegen in de plaats die Nakhlet el-Tel heet (of ook el-Kargahan). Enkele bedoeïenenvissersfamilies wonen gedurende het gehele jaar in het nabije dorp, dat slechts bestaat uit enkele barakken van golfplaten en palmbladen. De kleine bevolking wordt uitgebreid in het trekseizoen van de snappers (*Lutjanis bohar*), die door de plaatselijke bewoners shaour worden genoemd: grote zilverkleurige vissen die op tandvissen lijken, die zich in de paartijd in scholen van de Golf van Akaba naar de warmere wateren van Ras Mohammed verplaatsen. De weg loop verder langs de kust en na een bocht om een mooi palmbosje komt hij langs een gebouwtje van groene platen met grote vijvers voor het garnalenkweken. Het gaat om het eerste in de Zuid-Sinaï onder leiding van het Nationale Park gerealiseerde experiment van watercultuur en het maakt deel uit van een uitgebreid economisch geleid ontwikkelingsproject in deze streek, dat tevens als doel heeft de plaatselijke bedoeïenen daadwerkelijk van werk te voorzien. Op 10 km van de Egyptische controlepost splitst de weg zich in tweeën en bereikt rechts het hart van de lagune met wit zand en bijzonder warm water (van mei tot

oktober). De lagune is omringd door een weelderig mangrovenbos dat zich ongeveer 4 km langs de kust tot aan het koraalrif uitstrekt. Links ligt het praktisch uitgeholde wrak van de *Maria Schroeder*, een schip dat in 1965 op de koraalbanken vastliep, als een stille getuige van het voor de doorvaart zo gevaarlijke water. De bedoeïenenvissers hebben op het strand een hutje gebouwd van stukken hout en palmbladen.
Hier komen zij samen om hun vissersnetten te ontwarren en hun netten met grote haaknaalden te boeten, hun eigen ongegiste brood te eten, dat ter grootte van een zakdoek op metalen platen rechtstreeks op de as wordt gebakken, en thee te drinken.
Het drogen van vis is een zeer belangrijke activiteit.
De vis wordt schoongemaakt, van binnen ingesneden en daarna met bij laag water van de rotsen afgekrabd zeezout ingesmeerd en enige dagen in de zon op het dak van de hut te drogen gelegd.
Als u de mangrovenoase achter u laat, vindt u op 14 km van de militaire controlepost rechts een klein, door een muurtje omheind palmbosje. Na enkele meters is links de voor Wadi Kid (hier ook Wadi Khresa genoemd) aangegeven omleiding.
De weg van de Wadi Kid is breed en goed begaanbaar en leidt rechtstreeks naar de asfaltweg die Sharm el-Sheikh met Dahab verbindt, ter hoogte van de cementfabriek.
Een alternatieve en veel woestere route is de weg die de Wadi Khabila volgt. Na de mangrovenoase rijdt u verder over de oostelijke weg. Na een tweede, kleinere, maar niet minder mooie lagune, loopt de weg verder langs de kust. Op ongeveer 19 km van de controlepost, na een klein gebouw van stenen, slaat u links de Wadi Khabila in, die over 12 km tot de asfaltweg loopt. De weg is goed gemarkeerd, maar u hebt een goede auto met vierwielaandrijving nodig om door enkele moeilijke stukken te komen.

81 boven
De mangrovenoase Nabq wordt als het noordelijkste gebied beschouwd waar de Avicenia marina, *kenmerkend voor het gebied tussen de Indische Oceaan en de Rode Zee, zich heeft ontwikkeld.*

81 onder
Een hutje van palmbladeren en palmtouw biedt beschutting aan de weinige vissers die in het gebied van Nabq wonen.

Tijdens het visseizoen wordt een deel van de gevangen vis gezouten en op het dak van de hutjes te drogen gelegd.

PRAKTISCHE INFORMATIE

Voor het afleggen van de beschreven routes moet u over een jeep beschikken, die u met of zonder chauffeur kunt huren (er zijn verhuurbedrijven bij het Hotel Mövenpick, Hilton, Ghazal).
Wie gebruik wil maken van de hulp van een bedoeïenengids, zeer aan te bevelen voor wie geen ervaring heeft met woestijnexcursies, kan zich tot de Camel Dive Club (winkelcentrum Sharm Mall) of het toeristendorp van Shark Bay wenden (u moet op ongeveer 50 Egyptische pond per dag rekenen).
Ten slotte zijn er voor de minder avontuurlijken talrijke reisbureaus, die de gewenste excursies met jeep, inclusief chauffeur en gids, organiseren.

STRAAT VAN TIRAN

De Straat van Tiran, die de Golf van Akaba afsluit, wordt begrensd door de kust van het Sinaï-schiereiland en die van Saudi-Arabië. In het midden van het kanaal ligt het eiland Tiran, ten oosten geflankeerd door het eiland Sanafir. Het gebied van de Straat van Tiran is van enorm militair belang en op de twee eilanden, die behoren tot Saudi-Arabië, maar 'geleend' zijn aan Egypte, kunt u niet aan land gaan.
U kunt echter talrijke mooie onderwaterexcursies maken in verschillende plaatsen langs de zuidoostkust van Tiran en op de koraalriffen die het eiland ten noordoosten omzomen en die als de mooiste en meest onbedorven van de hele streek van Sharm worden beschouwd.
Vier koraalriffen liggen in het midden van het kanaal: Gordon Reef in het noorden, Jackson Reef in het zuiden en twee andere, kleinere banken, Thomas Reed en Woodhouse Reef, in het midden. Al deze koraalbanken zijn de lievelingsplekken van talrijke sportduikers, die voor hun onderwaterexcursies de voorkeur geven aan deze diepten, die minder druk bezocht zijn dan die van Ras Mohammed. Op deze plaatsen is de oceaanfauna bijzonder rijk en kunt u regelmatig zeer grote vissen en haaien zien; de aanwezigheid van sterke stromingen kunnen de onderwaterexcursies in de Straat van Tiran nogal bemoeilijken.

82 boven
Kronkelende, zweepvormige koralen en golvende bloemdieren vormen een indrukwekkende natuurlijke omlijsting voor een sportduiker.

82 onder
Van de vier in een rij in de lengte van de Straat van Tiran liggende koraalriffen, is Gordon Reef het zuidelijkste. Op het koraalrif ligt aan de noordkant het wrak van een gestrand schip en aan de zuidkant een vuurtorentje dat de vaargeul begrenst. Boven is het kleine Thomas Reef te zien.

83 linksboven
Het hele gebied van het eiland Tiran is van groot strategisch belang en het staat nu nog onder militaire controle; vanwege het belang voor het milieu is het echter bij het Nationale Park Ras Mohammed ingelijfd.

83 linksonder
Zachte koralen en zeewaaiers bedekken de wanden van het koraalrif. Hun groei wordt bevorderd door de sterke, voor deze zeediepten kenmerkende stroom.

83 rechtsboven
De hoogten van het eiland Tiran vormen de achtergrond van het wrak van een op de ondiepe steenkoraalbodem van Gordon Reef vastgelopen vrachtschip.

83 rechtsmidden
De golven beuken op het rif, waar het leven onder water, dat bestaat uit alle voornaamste koraalvissen, bijzonder rijk en boeiend is.

83 rechtsonder
Als u met zwemvliezen enkele meters onder water zwemt hebt u de indruk in een echte koraaltuin te zijn, waarin parapluvormige steenkoralen worden afgewisseld met grote stroken vuurkoraal en grote hersenkoraalformaties.

84 boven Ook op de koraalriffen van Jackson Reef, de noordelijkste van de Straat van Tiran, bevindt zich het wrak van een op de ondiepe zeebodem van de noordkant vastgelopen vrachtship, evenwijdig aan het op Gordon Reef gestrande vrachtschip.

84 linksmidden Een grote groep barracuda's (Sphyraena qenie) zwemt dicht opeen door het water en volgt de sterke zeestromingen.

84 rechtsmidden De Straat van Tiran is met zijn koraalriffen een van de drukst bezochte plaatsen van de sportduikers van Naama Bay.

84 linksonder De horsmakrelen (Caranx sp.), machtige zwemmers die zich met visjes voeden, jagen in de regel in scholen. Het is echter niet ongebruikelijk dat grote exemplaren alleen, op zoek naar prooi, langs de rifwanden gaan.

84 rechtsonder De kleuren van de sponsen en de koralen die langs de rifwanden groeien, vloeien in elkaar over en scheppen een harmonisch geheel: een palet dat de beroemdste schilders waardig is.

85 boven
De stekeleekhoornvis (Sargocentron spiniferum) *toont dikwijls zijn vrij agressieve karakter, vooral als het om het verdedigen van zijn territorium tegen eventuele indringers gaat, of het nu andere vissen of sportduikers zijn.*

85 midden
Van de verschillende octocoraliafamilies is de meest in het water van de Rode Zee voorkomende ongetwijfeld die van de Neftteidi, gekenmerkt door een ongelooflijke variëteit van bonte kleuren.

85 onder
Een enorm grote zeewaaier maakt zich los van de koraalwand en strekt zich in verschillende aftakkingen uit naar de open zee.

VAN NAAMA BAY NAAR DAHAR

86 en 87 boven Een helling van bijzonder fijn, goudgeel zand, voortgebracht door de door verweringsinvloeden veroorzaakte ontbinding van de rotsen en gemodelleerd door de wind, komt uit op de weg die naar Dahab leidt; de plaatsnaam Dahab betekent in de bedoeïenentaal dan ook 'goud'.

Tussen de afsfaltweg die Sharm el-Sheikh met Dahab verbindt en de kust van de Golf van Akaba strekt zich een door wadi's gekenmerkt gebied uit. De wadi's lopen in noordoostelijke richting en monden in zee uit met brede vlakten, die worden gevormd door gruis en aardafzettingen, meegesleept door het water tijdens de zware regenval, die deze wadi's in hevige stromen kunnen veranderen. De bergen zijn niet erg hoog en bereiken hun maximale hoogte met de 1080 meter van de Djebel Knai. Dikwijls zijn de toppen van brokkelig graniet, net als de hellingen van de heuvels, gepolijst en gelijkmatig afgesleten door de verwering die de vormen ervan heeft afgestompt en de scherpe vormen heeft weggehaald. Hun opeenvolging wordt door lange, donkere uitlopers van vulkaanrotsaders onderbroken, die de bergwanden verticaal doorsnijden of als een zoom begeleiden. Acacia's, stekelige kapperstruiken, vetplanten en woestijnmeloenen zijn niet zeldzaam in dit gebied en een korte onweersbui is voldoende om de plantengroei intens groen te kleuren.
Als het seizoen geschikt is voor het weiden van het vee, zijn er talrijke bedoeïenendorpen en -tenten. Het rotslandschap met brede zandvlakten wordt dikwijls verlevendigd door bedoeïenen op de rug van een dromedaris of door kudden zwarte geiten, door vrouwen of kinderen gehoed.
De zeldzame gebouwen en tentenkampen langs de weg duiden op de aanwezigheid van zandafgravingen, hoofdzakelijk bestemd voor de glas- en cementindustrie.

Route

3 km na Naama Bay komt u rechts eerst de weg tegen die vanaf het toeristencomplex van Sheikh Coast (Coral Bay) loopt en dan, na 3 km, een weg die naar Shark Bay afdaalt, waar zich een bungalowcomplex en een duik-centrum bevinden. Nog een km verder leidt een derde weg naar de duikplaats Wichita Falls. Zo komt u bij de Egyptische controlepost.
Als u over de evenwijdig aan de kust lopende weg verder rijdt, komt u na 4 km op het internationale vliegveld Ras Nasrani, terwijl u als u naar links afslaat en voorbij de controlepost rijdt, de weg naar Dahab vervolgt, die in noordoostelijke richting door de bergen loopt en dan begint te stijgen naar de Sharirapas.
Op bijna 50 km van Naama Bay komt u links de ingang naar de Wadi Madsoes tegen (zie route: Wadi Madsoes, Wadi Shetan, Wadi Shellal, Wadi Nash en de oase Nasb).
Na 55,5 km staat links, op de Sharirapas, een klein monument ter nagedachtenis aan een Israëlische wegenbouwkundig ingenieur, die hier gedood is door een ontplofte landmijn. Op 63 km kunt u rechts de weg naar de Wadi Qnai el-Rayan (zie route) en na 1,3 km een tweede, bredere en enigszins dalende weg zien, die naar de Wadi Qnai el-Atschan voert (zie route) en waarlangs u naar de kust van de Rode Zee in de buurt van Dahab kunt komen, via een enorme, door hoge rotswanden begrensde bergkloof.
Op 80 km van de controlepost komt u op een tweesprong, als u links aanhoudt loopt de weg door in de richting van Noeweiba, terwijl als u naar rechts gaat, de weg naar Dahab afdaalt. Op 3 km van de tweesprong, even voor Dahab, begint rechts de door een bord aangegeven weg die naar de Wadi Connection en de Rest Valley Mountain leidt (zie route). Aan de linkerkant komt u daarentegen op een asfaltweg die naar het noorden loopt en rechtstreeks naar de weg leidt waarlangs u de beroemde duikplaatsen Canyon en Blue Hole kunt bereiken.
Rechtdoor in oostelijke richting komt u voorbij een tweede asfaltweg, die naar het dorp Assalah leidt, en na enkele honderden meters bereikt u Dahab.

87 onder
Een smalle rots- en zandtong, omzoomd door een mooi koraalrif, ten noorden van de Qoerabaai, in Dahab.

WADI MADSOES – WADI SHETAN WADI SHELLAL – WADI NASB – OASE NASB

88 boven De Wadi Madsoes, een woeste en onherbergzame vallei met schaarse beplanting, eindigt in een indrukwekkende afgrond die naar de hieronder liggende Wadi Shellal voert. In de opname is een van de talrijke basaltrotsaders te zien die op veel plaatsen de granietformaties onderbreken.

88 onder De kleine oase van de Wadi Shetan, waar u een schilderachtige waterval kunt bewonderen, ligt aan het begin van de Wadi Shellal, op slechts een paar honderd meter van de weg.

De echte avonturiers zullen deze route, die meer dan 90 km lang is en door wadi's loopt die nog niet door het toerisme zijn ontdekt, weten te waarderen. Het gaat om een excursie die in een enkele dag gemaakt kan worden als u 's morgens vroeg vertrekt, of in twee halve dagen met een overnachting in de oase Wadi Nasb. Vanwege een bijzonder steile afdaling van ongeveer 600 m is het aan te raden de route zoals aangegeven in zuid-noordrichting af te leggen en de afdaling in de eerste of tweede versnelling van een wagen met vierwielaandrijving te maken.

Route

Vanaf de Egyptische militaire controlepost aan het begin van de Wadi Madsoes, links van de asfaltweg, legt u 42,6 km af. U kunt de Wadi Madsoes gemakkelijk herkennen aan een wit-oranje vat van de MFO, die het begin van de route aangeeft en die u vindt op slechts 1 km ten noorden van het begin van het traject van de Wadi Kid, dat links van de asfaltweg loopt. De plantengroei is zeer schaars en het lijkt alsof u door het rijk van de stilte en de leegte rijdt: iedere bocht is gelijk aan de vorige en indrukwekkende bergen volgen elkaar op eentonige wijze op. U kunt langs de primitieve weg helikopterlandingsplaatsen tegenkomen, die met witte stenen zijn gemarkeerd en door de MFO worden gebruikt (op 4 km van het begin van de wadi rechts en op 12 km links, maar het zijn geen vaste plaatsen). Op 19 km van het begin van de wadi komt u de eerste bergkloven tegen, met een lengte van ongeveer 1 km; hierna wijken de bergen, waarvan de hellingen van groen- en paarsachtige steensoorten in het dal uitlopen. De weg eindigt links in een terras met een uitzicht op de onderliggende Wadi Shellal en loopt naar rechts uit in een steile afdaling, die u bijzonder voorzichtig moet maken. Aan het einde van de afdaling komt u uit voor een mooie zandsteenformatie in levendige en voor deze streek ongewone kleuren (geel, rood, paars, oker, lichtblauw-grijs).

Nadat u de moeilijke afdaling hebt gemaakt, komt u na enkele meters aan bij het bedoeïenengraf van een heilige; dit graf is voorzien van het karakteristieke koepeldak met erboven een halve maan in smeedijzer. Vanaf de graftombe kunt u te voet de kleine Wadi Shetan beklimmen en na ongeveer een kwartier een prachtige waterval bereiken, waar de kudden van de bedoeïenen dikwijls gedrenkt worden. Als u de hoofdweg weer volgt, komt u na ongeveer 6 km op het kruispunt met de Wadi Nasb, die u links kunt inrijden. Na 8 km bereikt u een heel mooie oase met tuinen en palmen. De zijrivier Wadi Nasb is rijk aan planten: wilde kapperstruiken, mosterdplanten, struiken met schitterend groene kleuren groeien spontaan en vormen versieringen langs de rotswanden. In de tuinen van de bedoeïenen groeien ook amandelen, granaatappelbomen en wijnstokken. Na veel kilometers droge en ongastvrije woestijn lijkt deze koele en verborgen oase een luchtspiegeling. Meteen na de oase verhindert een versperring van het Egyptische leger de doorgang tot de weg naar St.-Catharina voor wie geen speciale vergunning heeft van de militaire autoriteiten. Wie wel over deze vergunning beschikt, kan langs deze route, die door indrukwekkende zandsteen-formaties loopt, rijden en zo in de streek van St.-Catharina ter hoogte van de Blauwe Woestijn uitkomen.
Als u echter terugkeert naar de hoofdweg van de Wadi Nasb bij de samenstroming met de Wadi Shellal en in noordoostelijke richting rijdt, volgt u ongeveer 16 km een brede vlakte: hierna gaat de weg over een pas en buigt hij naar rechts af tussen omheiningen met prikkeldraad, waar een indrukwekkende weg tussen loodrechte wanden en bergkloven begint, waar de magmarotsen voortdurend van kleur veranderen, van roze naar rood, van grijs naar lichtblauw, in duizend verschillende kleuren en tinten. Na deze ongewone formaties te hebben bewonderd komt u op de asfaltweg Noeweiba-Sharm, op 6,7 km van de kruising voor Dahab.

89 boven
De bezoekers hebben vanaf het rotsbalkon waarin de Wadi Madsoes eindigt, een prachtig uitzicht op de Wadi Shellal.

89 rechtsmidden
De Wadi Shellal komt samen met de majestueuze Wadi Nasb, een van de belangrijkste wadi's van het Sinaï-schiereiland: diep en rijk aan planten kronkelt deze echte zandrivier met een reeks wijde bochten door het landschap.

89 linksmidden
U moet de steile afdaling aan het einde van de Wadi Madsoes naar de onderliggende Wadi Shellal bijzonder voorzichtig maken.

89 onder
Aan het begin van de Wadi Shellal komt u een klein moslimgraf met de stoffelijke resten van een heilige tegen.

DAHAB

Dahab is een plaats die is gevormd door een landtong die twee baaien begrenst, Koera en Ghazala. Ter hoogte van de baai van Koera, ten noorden beschermd door de landtong van Dahab, die als een haak ombuigt, bevindt zich het grote Holiday Village-complex.
De baai van Ghazala is niet erg breed en minder diep en de oevers zijn bedekt met een bijzonder fijn, geel-goudkleurig zand, dat de oorsprong schijnt te zijn van de plaatsnaam Dahab, dat in de bedoeïenentaal 'goud' betekent. Een uitgestrekt palmbos, een van de mooiste van de Sinaï, omringt het strand van Ghazala en vormt zo een bijzonder mooi landschap, dat helaas ontsierd wordt door de

ongecontroleerde groei van het dorp Assalah.
De plaatselijke bedoeïenen maken al sinds de Israëlische bezetting gebruik van de mogelijkheden voor het toerisme en hebben een groot aantal campings, restaurantjes, eenvoudige hotels, bars en nachtclubs langs de kust gebouwd.
Een drukke en veelkleurige menselijke fauna bevolkt Assalah, dat van bedoeïenendorpje is veranderd in een soort alternatieve Sharm el-Sheikh, waar de globetrotter-rugzak-toeristen samenstromen die niet bang zijn voor vlooien, luizen en de dichtbevolkte kolonie microben en virussen, die hier hun ideale habitat hebben gevonden.

91 boven
In de Ghazalabaai, bij Dahab, ligt het bedoeïenendorp Assalah, omringd door eenvoudige hotels, restaurants en campings.

91 linksmidden
Het is met zijn hoge palmen een bijzonder mooi strand; het is ondanks de drukte nog niet helemaal volgebouwd en nog niet te vol met toeristen.

91 rechtsmidden
Het dorp Assalah is een van de schilderachtigste plaatsen aan de oostkust van de Sinaï en het vakantiedoel van een groot aantal toeristen, op zoek naar de plaatselijke folklore, die elders is verdwenen.

91 onder
Langs het strand wachten de bedoeïenen met hun kamelen op de komst van de toeristen.

WADI QNAI EL-RAYAN

Route

De afstand tussen de Sharirapas en de weg die de bedding van de Wadi Qnai el-Rayan (de 'wadi die bevloeit') volgt, is 7,4 km lang. De weg is goed gemarkeerd en scheidt zich rechts af van de asfaltweg en verdwijnt onmiddellijk tussen de rotswanden. Meteen links ziet u een basaltrotsader die het lichte graniet verticaal in de gehele lengte doorsnijdt. De wadi is tamelijk groen en er groeien talrijke acacia's. De weg is met een jeep 2,5 km begaanbaar, daarna wordt hij onderbroken, maar dan kunt u te voet verder, waarbij het spoor dat door het vee gemaakt is, goed te volgen is. Het is een uitstekende gelegenheid om een niet te zware excursie te maken. De jeep kan weer in de richting van Dahab naar de asfaltweg terugkeren, de kustweg bereiken en de personen die de excursie te voet gemaakt hebben aan de uitgang van de wadi opwachten. Wadi Qnai el-Rayan en de Wadi Qnai el-Atshan vloeien dan ook aan de kust samen.

92 De Wadi Qnai el-Atshan wordt in het laatste gedeelte, voordat deze in zee uitmondt, smaller en vormt een indrukwekkende bergkloof.

WADI QNAI EL-ATSHAN

Route

De weg van de Wadi Qnai el-Atshan ('de Dorstige') bevindt zich rechts van de asfaltweg, 8.7 km na de Sharirapas. Een ander punt dat u als oriëntatiepunt kunt aanhouden, is een soort bedoeïenenkoffiehuis, een cementgebouwtje links, op 700 m van de weg die van de asfaltweg rechts afloopt. Het traject is goed aangegeven en loopt zo'n 8,5 km naar de kust toe. Wij raden u echter aan een jeep te gebruiken om over sommige stukken met hoger zand te kunnen rijden. Aanvankelijk doorkruist de weg een weidse vlakte, begrensd door ronde heuvels, die met basaltrotsaders zijn doorsneden. Hierna wordt de wadi langzaam smaller tot het punt waar de loodrechte rotswanden een nauwe canyon vormen voordat ze zich naar de zee toe openen. Hier kruisen de sporen van jeeps elkaar, maar het terrein is niet moeilijk begaanbaar en u hoeft maar in de richting van de kust door te rijden om de weg die links naar Dahab leidt, tegen te komen. Langs dit traject zijn talrijke hotels in aanbouw. Links kunt u een met lege bierflesjes bedekte en versierde arbeiderswoning zien. De weg wordt hier een asfaltweg en rechts kunt u een glimp opvangen van de eerste huizen van Dahab, die verborgen liggen in het palmbos.

93 boven en midden
De Wadi Qnai el-Atshan is in het hogere gedeelte rijk aan planten: er zijn vooral veel grote mosterdstruiken.

93 onder Terwijl er een goed begaanbare weg door de Wadi Qnai el-Atshan loopt, kunt u de naburige Wadi Qnai el-Rayan slechts te voet of op een kameel afleggen: de twee wadi's komen bij de uitmonding aan de zuidkust van Dahab samen.

WADI CONNECTION – REST VALLEY MOUNTAIN

94 boven
De excursie naar de zogenoemde Wadi Connection, in het nabije binnenland van Dahab, geeft u de gelegenheid een bijzonder mooi landschap te zien.

94 onder
Langs de goed begaanbare weg die even voor Dahab vanaf de asfaltweg begint en door een bord met de naam Wadi Connection is aangegeven, komt u op een grote open plek, waar de bedoeïenen een klein rest house *hebben gebouwd, dat in de zomeravonden vrij druk bezocht wordt.*

Route

Enkele kilometers van Dahab, midden in de woestijn, is in een woeste wadi een werkelijk bijzonder café-restaurant geopend, waar u, indien gewenst, ook de nacht in een vrolijke en ongewone sfeer kunt doorbrengen. Het gaat hier om de Rest Valley Mountain, die niet alleen het doel van een eenvoudige excursie per auto kan zijn (de weg is voor elk soort auto toegankelijk) maar ook het vertrekpunt voor andere excursies, te voet of op een kameel, in de bergen die zich hier overal rondom verheffen.
3 km van de geasfalteerde weg Sharm El-Sheikh – Noeweiba, nadat u de tweesprong bent ingeslagen die naar Dahab leidt, neemt u de goed verharde weg die rechts van de weg naar Dahab begint en door het bord 'Wadi Connection – Rest Valley Mountain 5 km' wordt aangegeven. Deze weg, die de bedding van de Wadi Oemm Misma volgt, klimt enigszins en splitst zich na ongeveer 4 km: links loopt deze ongeveer 3 km verder naar de Wadi Qnai el-Atshan, terwijl hij rechts na ongeveer een kilometer naar de hutten van het *rest house* leidt, dat in een brede, door bergen omringde vlakte ligt.
Hier vandaan lopen verschillende wegen, waarvan er één links begint en rechtstreeks met de weg Sharm – Noeweiba is verbonden, maar dit pad is vanwege de te zanderige grond dikwijls moeilijk begaanbaar. Deze weg buigt na ongeveer een kilometer van het beginpunt naar links met een haarspeldbocht af en leidt dan naar drie waterputten, die zich op drie verschillende hoogten bevinden. Het gaat hier om een bron die het gehele jaar door bedoeïenen voor henzelf en hun vee wordt gebruikt.
Hier omheen treft u een welige plantengroei aan, waarbij intens groene mosterdstruiken met hun rode, langwerpige vruchten vol pitten overheersen. Als u naar Dahab terugrijdt over de weg van de Wadi Oemm Misma, geniet u van een uitzonderlijk landschap waarin de goudgele kleur van het zandsteen waaruit de rotsen van de wadi bestaan, een tegenstelling vormt met het diepblauw van de Golf van Akaba, ten oosten begrensd door de bergketen van Saudi-Arabië.

95 rechtsboven
Grote kwintappelstruiken (Cytrus colocyntis), *een pompoen die wordt gekenmerkt door ronde gele vruchten, die ook 'woestijnmeloenen' worden genoemd, komen dikwijls voor in de streek van de Wadi Connection. De Arabieren noemen de plant en de op sinaasappelen lijkende vruchten* handal *en eten deze als purgeermiddel.*

95 linksboven
Als u voorbij het rest house *rijdt en langs de wadi afdaalt, die naar drie putten leidt waar de bedoeïenen hun vee drenken, ziet u een diepe spleet in de granietrotsen van de oostflank van de wadi.*

95 midden
Schaarse struiken en planten kenmerken het landschap langs de weg naar de Wadi Connection.

95 onder In de bedoeïenenkampen wordt het ongegiste brood (aesh) nog volgens de oude tradities klaargemaakt.

DAHAB – BLUE HOLE

Route

Vlak voor u Dahab binnenrijdt, ziet u links een asfaltweg die naar het noorden loopt en ter hoogte van het einde van het dorp Assalah overgaat in een verharde en goed begaanbare weg. Na ongeveer 8 km evenwijdig aan de kust te hebben afgelegd, komt u in een duikcentrum met ernaast een café-restaurant: hier zijn we bij de duikplaats die The Canyon wordt genoemd (zie 'Duikplaatsen'). De weg loopt na het duikcentrum ongeveer een kilometer door en wordt dan onderbroken, dit als gevolg van een aardverschuiving.

96 boven De beroemde Blue Hole, een van de beroemdste (en gevaarlijkste) duikplaatsen van de Sinaï, bevindt zich acht kilometer ten noorden van Dahab: u kunt deze plek langs een met elk soort voertuig begaanbare weg bereiken. De auto's moeten echter op een afstand van ongeveer een kilometer stoppen voor een onderbreking van de weg, veroorzaakt door een aardverschuiving,

Hier moet u langs de oevers van een grote baai te voet de weg vervolgen. In de noordelijkste punt ervan ligt een van de beroemdste duikplaatsen van de gehele Sinaï: de Blue Hole, zo genoemd omdat het lichtblauwe water van het koraalplatform ter hoogte van een diepe ronde krater donkerblauw wordt. Vanaf dit punt, dat met de auto te bereiken is, komt u na het inslaan van de weg die vanaf Noeweiba loopt, in het gebied van het Park Ras Aboe Galoem.

96 midden De Blue Hole is vrijwel volledig omringd door het koraalrif, daalt tot een diepte van ongeveer 80 meter en is via een wijde opening op 62 meter diepte met de open zee verbonden.

96 onder Opgesierd door bloemdieren, sponsen en koraal in allerlei soorten en vormen bieden de rifwanden een zeldzaam mooi schouwspel.

97 links
Een zeester ligt op de dunne takken van een zeewaaier: het felle rood creëert een fraai kleurencontrast.

97 rechtsboven
Overdag blijven de koraalpoliepen in de regel gesloten, 's nachts openen ze zich echter om de micro-organismen te kunnen vangen waarmee ze zich voeden.

97 rechtsmidden
Koraaltandbaarsen (Cephalopholis miniata) *en gevlekte snappers* (Lutjanus monostigma) *wedijveren om leefruimte langs het koraalrif.*

97 rechtsonder
Een tweebandig anemoonvisje (Amphiprion bicinctus) *toont zijn typische oranje tint waardoor duidelijk twee witte verticale banden lopen.*

Duikplaatsen

In Dahab zijn talrijke interessante plaatsen voor de duiksport, die in twee groepen verdeeld kunnen worden: de ene groep bevindt zich ten zuiden van Holiday Village, terwijl de andere groep er ten noorden van ligt.
Al deze plaatsen kunnen over land worden bereikt, maar u kunt ook een boot huren bij het plaatselijke duikcentrum om ernaar toe te varen.

A *Zuidelijke duikplaatsen*

1) Southern Oasis
Deze plaats ligt ter hoogte van een palmbosje op het strand, iets zuidelijker dan de monding van de Wadi Qnai el-Atshan.
Over land kunt u hier komen door de weg te nemen die ten noorden van Holiday Village begint en langs de kust loopt. Vanaf een zanderige zeebodem die tot ongeveer 40 meter diepte afdaalt, verheffen zich talrijke koraalpinakels.

2) The Caves
Iets zuidelijker dan de vorige plaats bevinden zich The Caves, in een baai ter hoogte van een hoop stenen, die de ligging aangeeft.

98 Even voor The Blue Hole ligt een andere, vrij druk bezochte duikplaats: de Canyon. In de directe omgeving bevinden zich een duikcentrum en een koffiehuis.

B *Noordelijke duikplaatsen*

1) The Lighthouse
Hier kunt u in de buurt van de vuurtoren van Dahab (aan de noordkant van de baai van Assalah) duiken en een koraalmuur bewonderen die zich tot een diepte van 25-30 meter naar beneden uitstrekt.

2) Eel Garden
Ter hoogte van de meest noordelijke palmgroep van het dorp Assalah, na de vuurtoren, die de ligging van de vorige plek aangeeft, bevindt zich Eel Garden, een ondiep koraalrif waarlangs u talrijke kleine palingen kunt observeren.

3) The Canyon
U kunt deze plaats, die als een van de interessantste langs de kust van Sharm en Noeweiba wordt beschouwd, bereiken door de verharde weg te volgen die naar het Blue Hole leidt (zie route Dahab – Blue Hole). Hier vormt het rif een brede, door enkele kanalen onderbroken lagune. Als u het rechterkanaal bent door- en uitgezwommen, moet u ongeveer twintig meter in noordelijke richting verder gaan. Hier ziet u een pinakel die van de bodem verrijst, achter een diepe spleet die tot 49 meter afdaalt. Het verkennen hiervan wordt slechts ervaren sportduikers aanbevolen.

4) The Blue Hole
Ongeveer 2 km ten noorden van The Canyon ligt misschien de bekendste (en gevaarlijkste) plaats langs de Sinaïkust aan de Golf van Akaba. Het is een krater die zich in het koraalrif opent en tot 80 meter diep in de afgrond verdwijnt en met de buitenzee is verbonden door middel van een wijde boog, die zich op een diepte van 62 meter bevindt.
Het verkennen hiervan is voorbehouden aan heel ervaren duikers. Het is ook interessant slechts de randen hiervan te verkennen, de lagune is hier niet meer dan 1,5 m diep en bijzonder rijk aan de voor het koraalrif typische fauna.

99 linksboven
De koraalbodem is hier ook bijzonder rijk aan de voor de Rode Zee zo typische flora en fauna.

99 linksonder
Op de voorgrond een wimpelvis (Heniochus diphreutes) *en daarachter een gemaskerde vlindervis* (Chaetodon semilarvatus) *zwemmen samen door het blauwe, heldere water.*

99 rechtsboven
De grote zeewaaiers vormen een van de meest kenmerkende onderdelen van de Rode Zee.

99 rechtsonder
Een groep grootoogsoldatenvissen (Myripristis murdjan) *kleurt de zeebodem rood. Deze vissoort, die vooral 's nachts leeft, blijft overdag tegen het rif liggen, voor de ingang van grotten waarin hij bij gevaar schuilt.*

DAHAB – NOEWEIBA – TABA

Na de kruising met de weg die naar Dahab afdaalt, komt u na 38 km op de tweesprong waar de prachtige weg naar St.-Catharina (85 km) begint. Hierna, 45 km vanaf Dahab, komt u over een tweede pas en als u een uitzichtspunt voorbij bent, daalt u af in oostelijke richting. Voor een groep grote tanks ziet u aan de linkerkant de ingang van de Wadi Saada en het vertrekpunt van de weg naar Ain Khoedra (zie route), terwijl als u over de asfaltweg verder rijdt, u bij de grote baai bij Noeweiba komt. Vanaf dit punt loopt de weg naar het noorden, ter hoogte van een tweesprong naar de

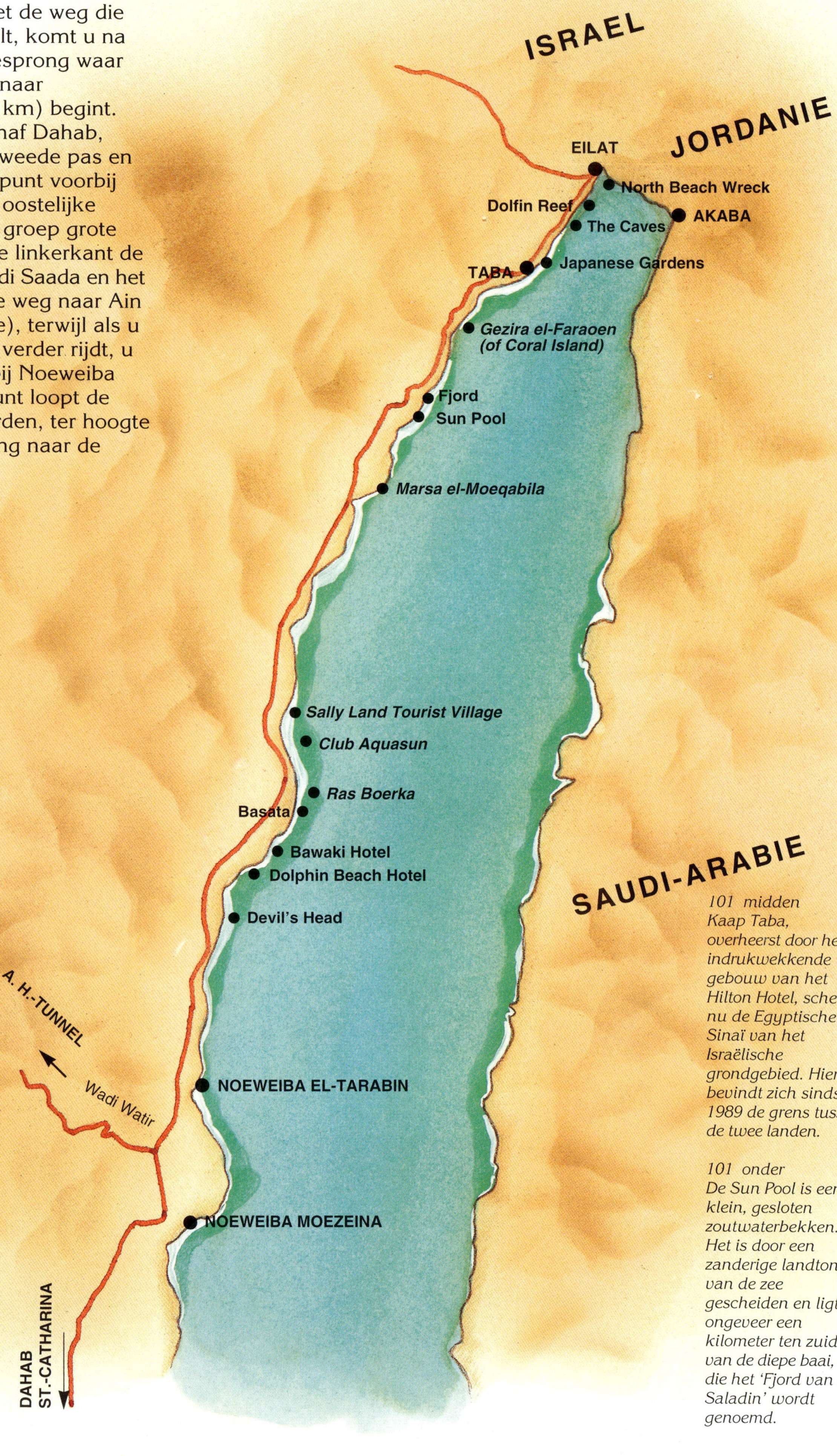

101 boven
Noeweiba bestaat uit twee plaatsen: ten zuiden Noeweiba Moezeina en ten noorden Noeweiba el-Tarabin. Het havengebied en enkele toeristendorpen bevinden zich in Noeweiba Moezeina (een veerboot zorgt voor een dagelijkse verbinding van deze haven met Jordanië). In de buurt van Noeweiba el-Tarabin wonen bedoeïenen van de Tarabinstam, waarnaar deze streek genoemd is.

101 midden
Kaap Taba, overheerst door het indrukwekkende gebouw van het Hilton Hotel, scheidt nu de Egyptische Sinaï van het Israëlische grondgebied. Hier bevindt zich sinds 1989 de grens tussen de twee landen.

101 onder
De Sun Pool is een klein, gesloten zoutwaterbekken. Het is door een zanderige landtong van de zee gescheiden en ligt ongeveer een kilometer ten zuiden van de diepe baai, die het 'Fjord van de Saladin' wordt genoemd.

oase Noeweiba Moezeina, waar zich het grote toeristencomplex Sayaddin Beach Hotel bevindt, en iets meer naar het noorden de haven. Als u in noordelijke richting verder rijdt, komt u na 2 km bij de eerste benzinepomp, terwijl rechts de weg ligt naar de haven van Noeweiba. Na 3 km komt u links de asfaltweg tegen die via Wadi Watir naar de Ahmed Hamdi-tunnel loopt (zie route). Weer 3 km verder (70 km van Dahab) ziet u een tweede benzinepomp ter hoogte van een weg die in de richting van de kust afdaalt naar het centrum van Noeweiba en Noeweiba Holiday Village.
Als u noordwaarts in de richting van Taba verder rijdt, begint de weg te stijgen en kruist u rechts de omleiding naar het bedoeïenendorp en het fort Tarabin. Na 12 km bereikt u de duikplaats die Devil's Head heet, gemarkeerd door een grote rots en dan, na 4 km, het Dolphin Beach Hotel en hierna (2 km) het Bawaki Hotel.
U rijdt dan Ras el-Boerqa voorbij, waar zich de camping Basata (93 km van Dahab), Club Aquasun en de kleine oase bevinden waar het Sally Land Tourist Village (98 km van Dahab) is gevestigd.
Uiteindelijk komt u op de duikplaats Mars el-Moeqabila aan (113 km van Dahab).
Als u deze plaats voorbij bent, loopt de weg 6 km van de kust af en ter hoogte van twee spectaculaire plaatsen weer naar de kust toe: de Sun Pool en het Fjord (119 km van Dahab).
Ten slotte ziet u na 5 km het Pharaoh's Island, dat in het Arabisch Gezira el Faraoen heet,

maar ook Coral Island wordt genoemd, en dat door een veerdienst met het vasteland is verbonden.
Voorbij Pharaoh's Island komt u na 5 km in Taba aan, waar de grens met Israël ligt (133 km van Dahab).

102 linksboven
In Noeweiba el-Tarabin bevindt zich een indrukwekkend fort, dat in de 16e eeuw door de Mammelukse sultan Ashraf el-Ghoeri werd gebouwd om de doortrekkende karavanen te beschermen en tegelijkertijd het gebied tegen mogelijke invallen te verdedigen. Het fort werd daarna in de 18e eeuw onder het Ottomaanse Rijk hersteld om de veiligheid voor de scheepvaart door de Rode Zee te garanderen.

102 linksmidden
Binnen het fort bevindt zich een put die dikwijls door de bedoeïenen van deze streek wordt gebruikt om hun vee te drenken.

102 rechtsboven
Deze diepe inham met turkooisblauw water tussen de granietrotsen bevindt zich op enkele kilometers voor het beroemde Pharaoh's Island. Het is bekend als het 'Fjord' en is een van de mooiste plaatsen langs de kust tussen Noeweiba en Taba.

102 rechtsmidden
Het kasteel van Coral Island werd in het begin van de 12e eeuw door kruisridders gebouwd op de resten van een Byzantijnse nederzetting. Later werd het kasteel groter, onder sultan Salah ed-Din, die het eiland in 1182 veroverde.

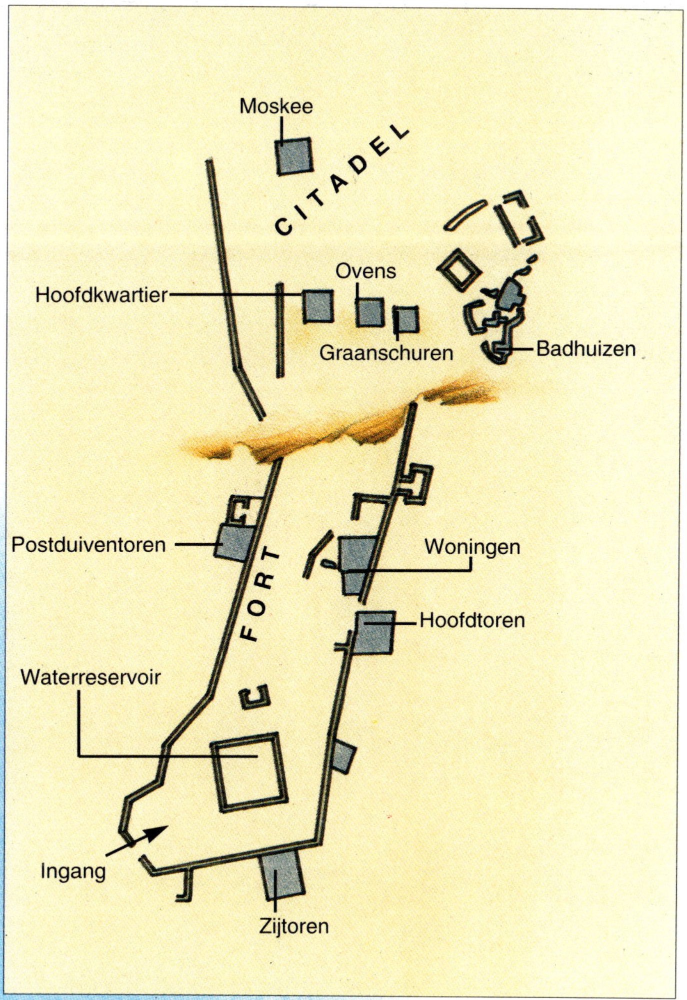

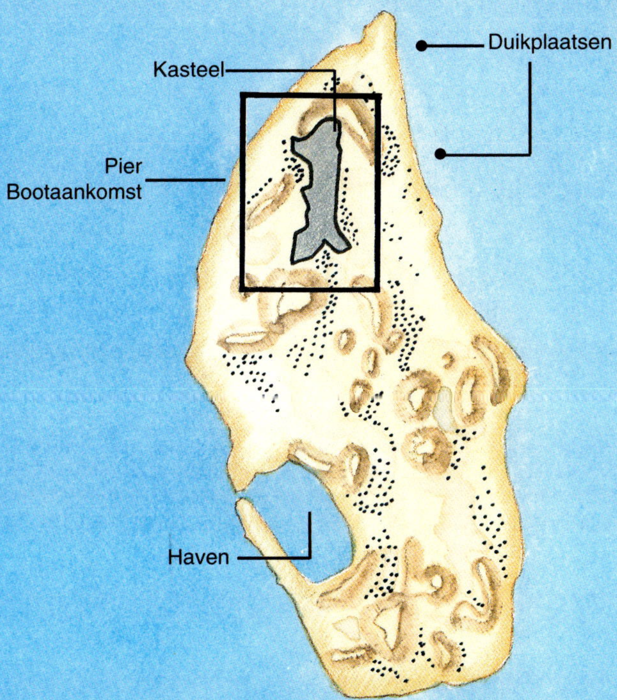

PHARAOH'S ISLAND

102 linksonder Pharaoh's Island, in het Arabisch **Geziret Faraoen**, *ligt op enkele honderden meters uit de kust en wordt erkend als de oude Fenicische haven* **Eziongaber**, *die in de 10e eeuw v.Chr door koning Hyram van Tyrus werd gesticht. Het eiland, vanwege de bijzonder grote koraalformaties aan de noordoostkant van de kust ook Coral Island genoemd, biedt plaats aan een majestueus kasteel.*

DAHAB – NOEWEIBA – ST.-CATHARINA

Op 38 km afstand van Dahab begint de prachtige geasfalteerde weg naar St.-Catharina.
Het eerste deel van het traject stijgt naar een pas, waarop u boven, na een scherpe bocht, het wondermooie landschap van de Wadi Ghazala kunt bewonderen. Vanaf de pas begint een korte afdaling, waarna u links een bedoeïenenkoffiehuis tegenkomt en dan, rechts, het begin van de oase Ain Khoedra (zie route).
Als u na 8 km van de pas een dubbele controlepost van de MFO en het Egyptische leger voorbij bent, kunt u links op ongeveer een kilometer afstand een grote eenzame rots met inscripties uit de Nababteïsche, Grieks-Romeinse, Byzantijnse tijd en die van de kruistochten zien. U kunt de Rots van de inscripties, die door de plaatselijke bewoners Haggar Maktoeb, 'Geschreven Steen', genoemd wordt, langs een kort en goed begaanbaar pad bereiken. Voorbij de rots, als u deze aan uw

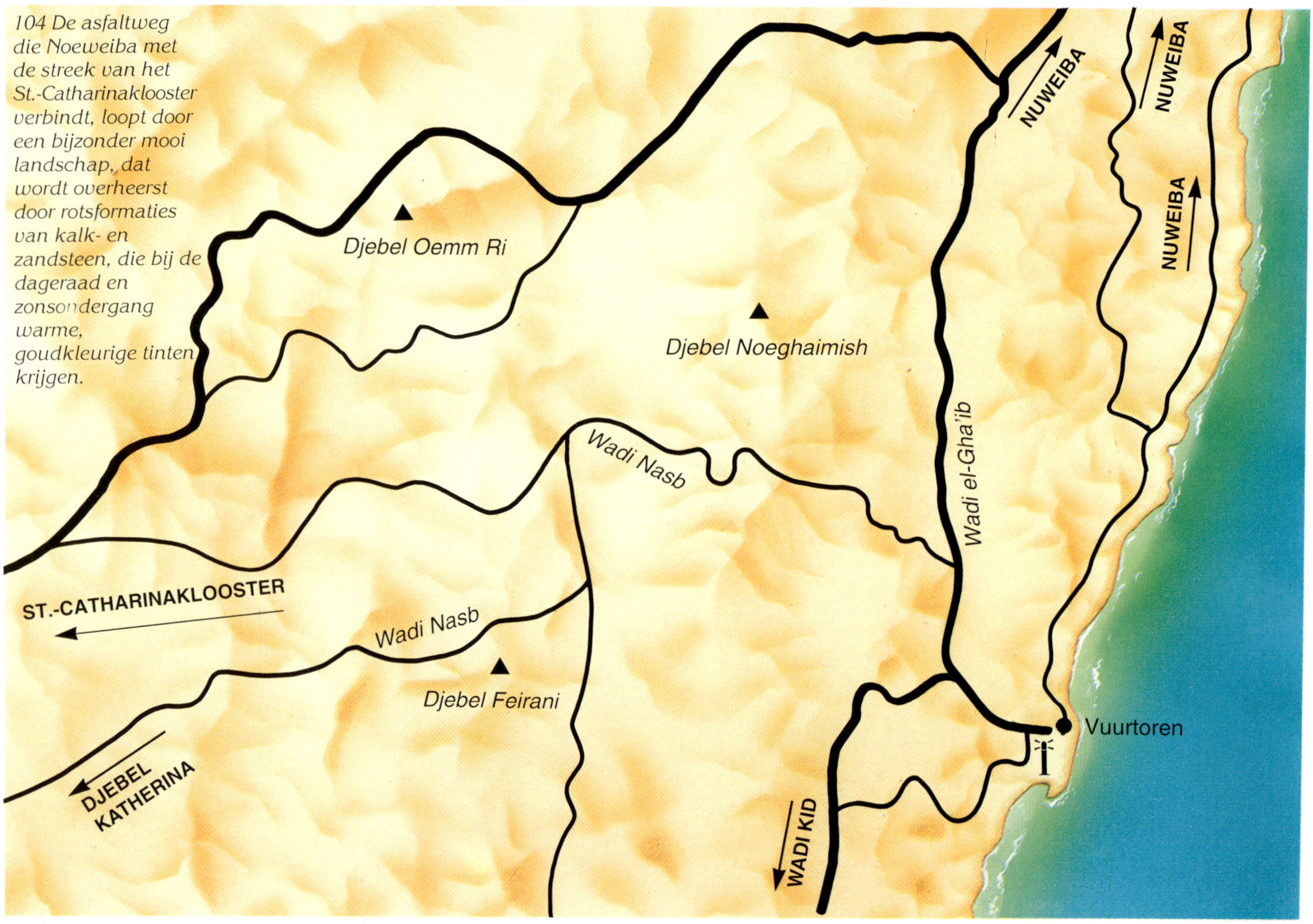

104 De asfaltweg die Noeweiba met de streek van het St.-Catharinaklooster verbindt, loopt door een bijzonder mooi landschap, dat wordt overheerst door rotsformaties van kalk- en zandsteen, die bij de dageraad en zonsondergang warme, goudkleurige tinten krijgen.

linkerzijde laat liggen, komt u na ongeveer 700 m op een aan de oppervlakte liggende zandsteenformatie die de hoogvlakte begrenst. Te voet kunt u deze rotsen beklimmen en dan kunt u op de top genieten van een prachtig uitzicht op de Wadi Khoedra en de oase Ain Khoedra, die u hier vandaan in ongeveer tweeënhalf uur lopen kunt bereiken. Nadat u weer op de asfaltweg bent en ongeveer 500 meter hebt afgelegd, ziet u links een andere weg, die eerst naar een tweede eenzame rots leidt, die morfologisch tamelijk veel lijkt op de vorige en met talrijke inscripties is bedekt: vele met afbeeldingen van dieren die in de Prehistorie in de Sinaï aanwezig waren. Na 4 km komt u bij een kleine bedoeïenennederzetting waar tegenover zich een bijzonder interessant complex van nawamis bevindt. Hier moet u de jeep achterlaten en enkele minuten lopen om het complex te bereiken. Met het woord *nawamis*, dat 'vliegen' betekent, duiden de bedoeïenen de prehistorische graftombes aan die karakteristiek zijn voor Centraal-Sinaï: het gaat om ronde stapelbouwwerken met een deuropening naar het westen. Terug op de asfaltweg rijdt u verder naar St.-Catharina.

105 boven
De weg loopt door de brede en zanderige Wadi Ghasala, of 'Vallei van de gazellen', die zijn naam heeft te danken aan de aanwezigheid van deze typische woestijndieren.

105 midden
De weg van Noeweiba naar St. -Catharina voert langs deze eenzame rotspartij, die bekend is onder de naam 'Rots van de inscripties', omdat deze met talrijke inscripties uit de Nababteïsche, Romeinse en Byzantijnse tijd is bedekt.

105 onder
Enkele kilometers ten westen van de 'Rots van de inscripties' bevinden zich enkele prachtige voorbeelden van uitstekend bewaarde nawamis. De nawamis*, een Arabisch woord dat 'vliegen' betekent, zijn graftombes van stapelsteen, die alle naar het oosten zijn gericht en gedateerd kunnen worden vanaf de Koper- tot de Bronstijd.*

106 boven
Voorbij de Rots van de inscripties leidt de weg naar een observatiepunt met een uitzicht, dat 'Observation Point' wordt genoemd, vanwaar u de Wadi Khoedra kunt bewonderen, die bijna evenwijdig loopt aan de grotere Wadi Ghazala – en de oase Ain Khoedra.
Via een voetpad kunt u de oase in ongeveer twee uur bereiken.

106 midden
De weg naar het Observation Point begint vanaf de asfaltweg die Noeweiba met St.-Catharina verbindt en wordt steeds meer door toeristen bezocht.

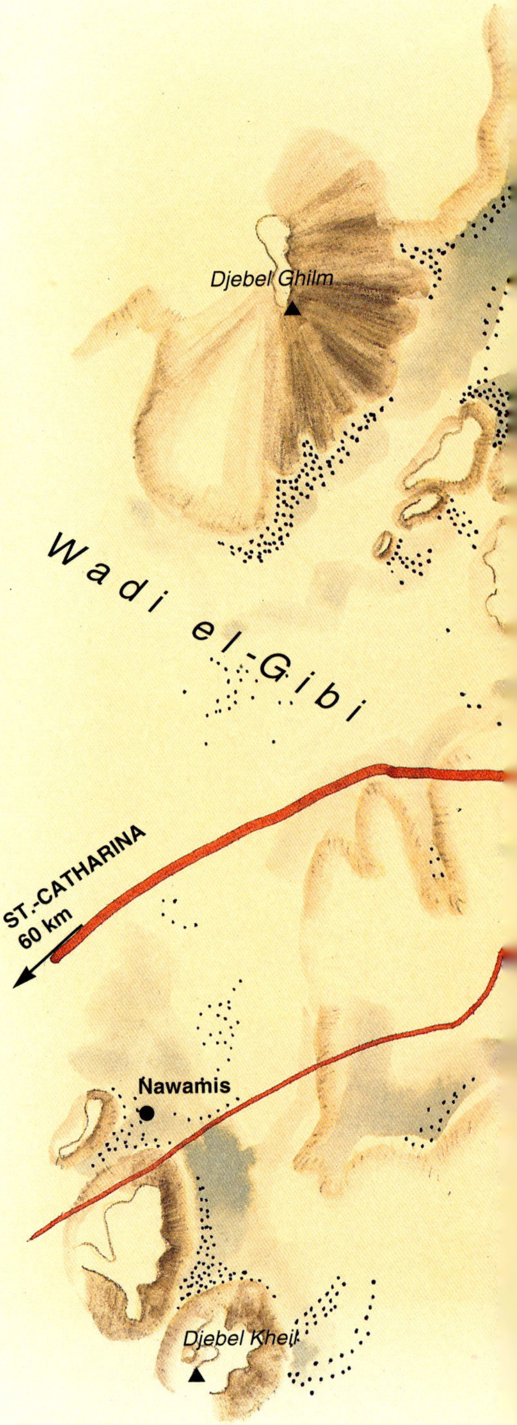

106 onder
De Wadi Watir loopt van het midden van de Sinaï naar de kust en verbindt de streek van Noeweiba met de stad Nakhl in de centrale hoogvlakte. Het oostelijke gedeelte van deze wadi, waar water in overvloed is, is bijzonder mooi en versierd met talrijke palmpluimen.
Vanaf de Wadi Watir beginnen drie belangrijke wegen waarlangs u respectievelijk de Kleurencanyon, de oase Ain Khoedra en de oase Ain Oemm Ahmed kunt bereiken.

107 links
De stille aanwezigheid van de bedoeïenen verhoogt de bekoring van de woestijn.

107 rechts
De asfaltweg door de Wadi Watir werd in de herfst van 1993 en 1994 op verschillende plaatsen door het geweld van het water vernield.

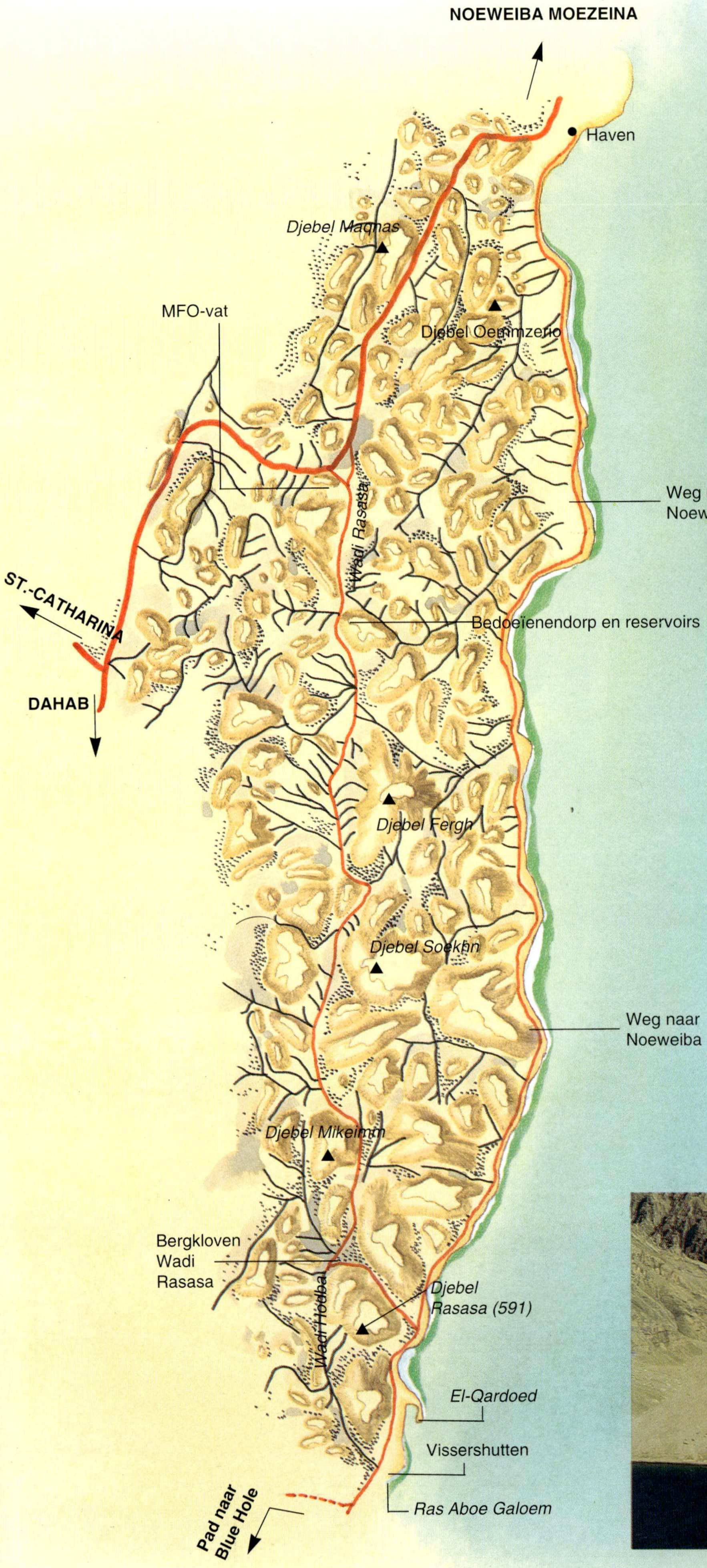

NATUURPARK ABOE GALOEM

Het natuurpark Aboe Galoem maakt net als dat van Nabq deel uit van het programma dat door de autoriteiten van Nationaal Park Ras Mohammed is uitgestippeld ter bescherming van het gebied. Dit is een volledig woest gebied, omdat het ver van de geijkte excursieplaatsen ligt, maar ook omdat het in een strategische positie ligt en dus van militair belang is.

Helaas heeft men pas sinds kort het belang van het gebied van Aboe Galoem erkend, zowel voor het behoud van het milieu-evenwicht als voor de in dit gebied wonende bedoeïenenbevolking, die hun economie bijna uitsluitend baseren op de opbrengsten van de visvangst. Deze late erkenning heeft dan ook het opeenhopen van allerlei soorten vuil op het merendeel van de stranden tot gevolg gehad, veroorzaakt door de woeste branding, de nalatigheid van de bedoeïenen en de door de Golf van Akaba varende schepen. De autoriteiten van het park zijn bezig maatregelen te treffen om in te grijpen.

108 Langs de kust bij Ras Aboe Galoem loopt een weg waarlangs u naar het noorden tot Noeweiba terug kunt rijden of naar het zuiden richting Dahab, naar de baai waar zich de Blue Hole bevindt.

Route
De weg naar Aboe Galoem bevindt zich op 10,5 km van de kruising tussen de weg naar St.-Catharina en de weg die naar Noeweiba doorloopt.
Aan de rechterkant geven een stuk asfalt en een wit-oranje geschilderd vat deze weg aan, die meer dan 30 km naar zee loopt.
De weg is goed verhard, dankzij de veelvuldige passage van de bestelwagens van de bedoeïenen en de voertuigen van de internationale strijdkrachten, die in dit gebied een belangrijke observatiepost hebben.
6 km na het begin van de weg ligt een bedoeïenendorp met verschillende gemetselde huizen en enkele waterreservoirs.
Sommige huizen liggen tegen de rotsen en binnen de tuinhekken zijn monolieten te vinden met wonderlijke vormen, kenmerkend voor de door verwering gemodelleerde zandsteen.
Dit is een tamelijk welvarend dorp: de waterreservoirs zorgen het gehele jaar voor water.
De vrouwen en kinderen zorgen voor het vee en een minimum aan landbouw, terwijl de mannen naar de kust gaan om te vissen.
Op ongeveer 16 km van het dorp verrijst links op de top van de Djebel Soekhn de antenne van de MFO-observatiepost. De weg is op dit punt bijzonder steil en tamelijk moeilijk, voordat u over een pas komt, daarna daalt hij langzaam af naar zee. Na een open en zanderig stuk loopt de weg ineens naar het oosten (op ca. 27 km van het begin van de weg) en voert door bergkloven en diepe canyons.
Het is een ruig en tegelijkertijd fascinerend landschap en iedere bocht lijkt het doel te verbergen en de reiziger af te leiden met tekeningen en kleuren in de rotsen. De wadi opent zich plotseling naar zee in een vloed van gruis en stenen en loopt dan enkele honderden meters verder, voordat hij de weg langs de kust bereikt en na 6 km naar het zuiden eindigt in een heel mooie, kleine baai, ideaal om te kamperen. De weg naar het noorden loopt meer dan 40 km door tot aan het stadje Noeweiba.
Langs de kustweg komt u twee controleposten van het Egytische leger tegen en moet u uw paspoort laten zien. 's Winters zijn er in dit gebied hevige overstromingen, die de wegen kunnen wegvagen of onderbreken. Indien u deze reis onderneemt vlak na regenval, wordt daarom aanbevolen inlichtingen bij de autoriteiten van het park in te winnen.

109 boven
De indrukwekkende Wadi Rasasa loopt in de richting van de kust ten zuiden van Noeweiba, in de buurt van Ras Aboe Galoem. Het is een goed begaanbare weg, die de bedding van de wadi volgt, waarlangs u aan zee kunt komen.

109 midden
De prachtige kust rondom Ras Aboe Galoem is tot beschermd gebied verklaard en bij het Nationale Park Ras Mohammed ingelijfd. Het gehele gebied, dat nog weinig door het toerisme is ontdekt, is gelukkig onderworpen aan strenge voorschriften ter bescherming van het natuurschoon.

109 onder
In het gebied Ras Aboe Galoem wonen ook enige bedoeïenengroepen, die zich met de visvangst en het bebouwen van kleine moestuinen bezighouden.

110 boven
De Wadi Rasasa is een woeste vallei, die in west-oostrichting, niet ver van Ras Aboe Galoem, naar zee loopt.

110 midden
Vanaf de Wadi Rasas loopt de weg door een bedoeïenendorp met stenen huizen. Enkele stenen bekkens zorgen voor het opvangen van het water voor de bevloeiing van de moestuinen en dorpstuinen.

110 onder
Er zijn nog enkele tenten in het dorp, maar door de toenemende sedentaire levenswijze van de bedoeïenen is deze typische woning van de woestijnbevolking aan het verdwijnen en bestemd om, tenminste in deze streek, alleen als toeristenattractie te overleven.

111 linksboven
De ontmoeting met de bedoeïenen op de rug van hun kamelen vormt steeds een opwindend ogenblik.

111 rechtsmidden
Een passage van de weg langs de kust die Ras Aboe Galoem met Noeweiba verbindt.

111 linksmidden
Ras Aboe Galoem is een bijzonder visrijke plaats, waar in bepaalde periodes van het jaar de plaatselijke vissers samenkomen en op het strand hutten van palmbladen bouwen en met kleine bootjes de zee op varen.

111 onder
De kust van de Golf van Akaba ten noorden van Dahab is gekenmerkt door een bijzonder smalle kuststrook en hoge bergen, doorsneden met een netwerk van wadi's, die in het water van de Rode Zee uitkomen.

WEG NOEWEIBA – AIN KHOEDRA (via Wadi Saada)

Voor u voorbij de groep reservoirs links van de weg van Noeweiba komt, begint enigszins stijgend de weg door de Wadi Saada, waarlangs u de prachtige oase Ain Khoedra kunt bereiken. Hier kunt u ook via een andere weg, langs Ain Foertaga, komen. Na een smalle en kronkelende, door hoge rotswanden begrensde canyon komt u 10 km na het begin van de weg een put tegen en dan begint de brede, zanderige Wadi Samghi. Het middengedeelte is begroeid met talrijke grote acacia's, die de bedoeïenen ook 'lijmbomen' noemen, naar de aanzienlijke hoeveelheid rode hars die deze bomen voortbrengen.
Hierna komt u ter hoogte van de Djebel Milehes, die u rechts ziet liggen, en 24 km verder kunt u een indrukwekkende roze zandsteenformatie bewonderen. Vanaf dit punt wordt de zandsteen het kenmerkende element van het landschap en trekt deze de aandacht zowel door de verschillende kleuren, die door de aanwezigheid van ijzeroxide en mangaan worden veroorzaakt, als door de soms bijzondere, door verwering veroorzaakte vormen. Op 29 km begrenst een enorme zandsteenrots bij de wand van de wadi een ruimte die door de bedoeïenen voor nachtelijke feesten midden in de woestijn wordt gebruikt, als een echte natuurlijke discotheek. Dit stuk van de wadi heeft zodoende zelfs van de plaatselijke bevolking de bijnaam 'Wadi Disco' gekregen. Ongeveer een kilometer hierna kruist u de enorme Wadi Ghazala en rijdt deze in. Op 35 km van het begin van de weg moet u links de door het kompas aangegeven richting van 210° aanhouden, zodat u bij een uitzichtspunt (37 km) komt, waar u een bijzonder mooie basaltketen kunt bewonderen.
Als u over de zandgrond van de wadi verder rijdt, komt u uiteindelijk in de kleine, maar prachtige oase Ain Khoedra, 44 km na het begin van de weg. De groene palmen van de oase

vormen een contrast met het geel en het rood van het zand en de zandsteen, waaruit de meeste rotsen in deze streek, een van de mooiste van de Sinaï, bestaan.
In Ain Khoedra bevindt zich een bron met bijzonder zuiver water en een diepe put waar rondom een kleine bedoeïenennederzetting is ontstaan.
Als u de oase voorbij bent gereden en in westelijke richting verder gaat, komt u weer in de Wadi Ghazala uit en na 16 km op de asfaltweg die Noeweiba met St.-Catharina verbindt.

NOEWEIBA – WADI WATIR – AHMED-HAMDITUNNEL

Bij een tweesprong vlak na het zuidelijke deel van Noeweiba el-Tarabin op de weg Noeweiba – Taba is links de weg aangegeven die na 338 km de tunnel van het Suezkanaal bereikt en de bedding van de Wadi Watir volgt. De rotswanden van deze wadi zijn hoog en steil, met lange donkere strepen; in zo'n woeste omgeving is de mooie oase Ain Foertaga een verrassing. Het is een palmbos dat op ongeveer 15 km vanaf de tweesprong langs de asfaltweg begint, waar dikwijls ook midden in de zomer verschillende plassen, mos en felgroene plantjes te zien zijn. Hier vandaan kunt u de bekende Kleurencanyon (zie route) bereiken en nog eens twintig kilometer verder langs deze weg kunt u de weg inslaan naar Ain Oemm Ahmed (zie route), een van de mooiste oases van de Sinaï.

113 boven
Een in de kleuren van de Egyptische vlag geschilderd vat geeft het begin van de weg aan die van de Wadi Watir naar Ain Khoedra leidt.

113 midden en onder
De oase Ain Khoedra bevindt zich langs de gelijknamige wadi en wordt gekenmerkt door een bijzondere overvloed van water. De rotsen, waaruit het merendeel van de wadi bestaat, zijn van zandsteen en mergelkalksteen, op sommige plaatsen sneeuwwit.

113 onder
De door de verweringsinvloeden diep uitgesleten zandstenen zijn kenmerkend voor dit traject van de Wadi Khoedra, dat door de bedoeïenen Wadi Disco wordt genoemd, omdat de ligging van de rotsen een soort natuurlijke beschutting biedt, die dikwijls voor nachtelijke feesten wordt gebruikt.

KLEURENCANYON

Als u de asfaltweg neemt van Noeweiba naar de Ahmed Hamdi-tunnel via Nakhl, ziet u 15 km na de tweesprong rechts een groep palmen en enkele bedoeïenenhutten: dit is het begin van de oase Ain Foertaga. Hier begint rechts de weg door de Wadi Nekheil naar de beroemde Kleurencanyon. Het traject is goed aangegeven en kan, ook al zijn er soms enkele moeilijke punten, met gewone auto's worden afgelegd.

114 Het grootse landschap dat de Kleurencanyon omringt, is overheerst door sedimentaire kalksteen- en zandsteenrotsen, die de bergen bijzonder warme kleuren verlenen.

Route

Als u de enigszins stijgende Wadi Nekheil inrijdt, komt u na 12 km op een tweesprong, waar u links afslaat en ongeveer 1 km doorrijdt tot een prachtig uitzichtspunt boven een uitgestrekt erosiedal, waar u de auto moet achterlaten en te voet verder kunt gaan.
Hier daalt u te voet langs een steil, in de helling uitgehouwen pad af, tot onder in het dal, waar u verder loopt en de rechterkant aanhoudt. De wadi vernauwt zich langzaam tot een smalle steeg, die op sommige plaatsen niet breder is dan een meter en tussen ongeveer vijftig meter hoge zandsteenwanden is uitgesleten. Dit is de beroemde Kleurencanyon, zo genoemd omdat de zandsteenwanden die de bergkloof begrenzen buitengewoon bonte kleuren, van wit naar geel en alle tinten rood, vertonen. Ze herinneren sterk aan gelijksoortige formaties die in Petra in Jordanië zijn te vinden.
Het meest indrukwekkende en nauwste gedeelte van de canyon is ongeveer 700 meter lang en heeft twee doorgangspunten waar u een beetje training (of een beetje hulp) voor nodig hebt om er door te komen.
Na deze nauwe doorgang wordt de canyon breder en loopt dan uit in een wijde wadi, waar u, als u rechts aanhoudt, bij een rotswand met een steil pad uitkomt, dat u moet beklimmen om naar de hoogvlakte terug te keren.
Als u over een chauffeur beschikt, is het handig u hier te laten afhalen. Anders moet u rekenen op een wandeling van nog zo'n 2,5 km terug naar de auto, bij het vertrekpunt.

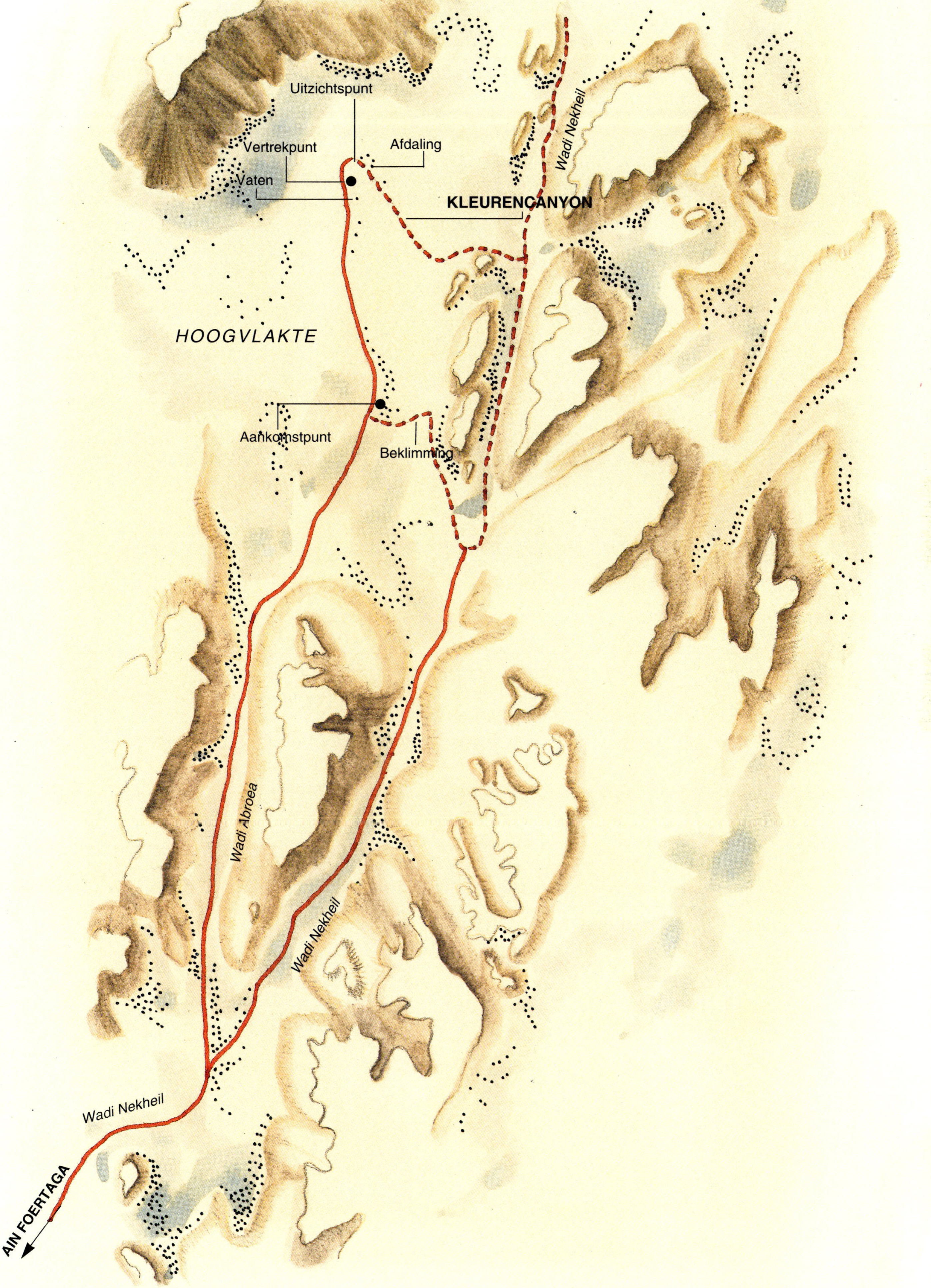
Uitzichtspunt
Vertrekpunt
Afdaling
Vaten
KLEURENCANYON
Wadi Nekheil
HOOGVLAKTE
Aankomstpunt
Beklimming
Wadi Abroea
Wadi Nekheil
Wadi Nekheil
AIN FOERTAGA

116 linksboven
De bijzonder hoge, loodrechte wanden laten nog net een klein stukje van de lucht zien.

116 linksonder
De Kleurencanyon wordt steeds nauwer, tot deze een smalle steeg wordt en op sommige plaatsen niet veel breder dan een meter is.

116 rechts
De foto toont ons nog eens een voorbeeld van de onvergelijkbare aantrekkingskracht die van de rotswanden van de Kleurencanyon uitgaat: een buitengewoon indrukwekkend decor.

117 links
De Kleurencanyon heeft zijn naam te danken aan de vele nuances van de zandsteen, waarin deze tijdens het Quartair door de werking van het water is uitgegegraven. Gelijksoortige formaties bevinden zich in de beroemde stad Petra in Jordanië.

117 rechtsboven
Aan de uitgang van de Canyon, waar de doorgang op enkele plaatsen tamelijk moeilijk is, moet u van het dal weer naar de hoogvlakte klimmen. Dit traject van slechts enkele kilometers kan boven door de jeeps worden afgelegd, terwijl de bezoekers van de Canyon het pad langs de berghelling moeten beklimmen.

117 rechtsonder
In het smalste en indrukwekkendste gedeelte zijn de wanden van de Kleurencanyon vrij hoog en begrenzen een kloof die op sommige plaatsen niet breder is dan anderhalve meter.

OASE AIN OEMM AHMED

118 boven
Veel minder bekend en bezocht dan Ain Khoedra is de oase Ain Oemm Ahmed, een van de mooiste van de Sinaï. Dankzij de overvloed van water groeien hier indrukwekkende palmbomen en acacia's.

118 onder
De oase Ain Foertaga in de Wadi Watir is een belangrijke doorgangsplaats voor wie naar Ain Oemm Ahmed rijdt.

Ain Oemm Ahmed behoort tot de minder druk bezochte en prachtigste oases van de Sinaï. Het gaat om een groot palmbos, hier en daar onderbroken door kleine groentetuinen en boomgaarden, die door de enkele bedoeïenenfamilies die in het nabije dorp wonen, worden verzorgd. Deze plaats heeft water in overvloed. Het water komt na lange ondergrondse wegen helder naar buiten en wordt door de bedoeïenen in de talrijke waterreservoirs, half verborgen door de palmen, opgeslagen. Ain Oemm Ahmed (de 'Bron van de moeder van Ahmed') loopt verder in de Wadi el-Ain, die enigszins hoger ligt dan de bedding van de wadi en dus veilig is voor grote overstromingen, die dikwijls voorkomen in dit gebied.

Route

Na de oase Ain Foertag rijdt u 12 km verder en passeert u een controlepost van het Egyptische leger, waar u uw paspoort moet laten zien. Nog eens 6 km verder begint links de weg naar de oase Ain Oemm Ahmed.
De weg is goed gemarkeerd en, na enkele meters links, gemakkelijk te herkennen door de aanwezigheid van een bedoeïenendorp met gemetselde huizen dicht bij mooie acacia's.
De weg gaat al stijgend verder met een wijde bocht naar links en komt bij een nauwe doorgang tussen grote rotsen en loopt dan zonder verdere moeilijkheden verder. Na enkele kilometers begint het indrukwekkendste gedeelte met het mooiste uitzicht.
De rotsen zijn eerst wit en brokkelig, dan krijgen ze de meest verschillende kleuren, van lichtblauw via oker naar donkerrood, in een kleurenspel dat het ongelooflijke omringende maanlandschap begeleidt.
Links ziet u de majesteuze Ras el-Qelb ('Hondenkop'), een berg die bijna 1000 m hoog is.
Hier wordt het pad een echte weg met steenslag, die enkele meters geklemd tussen de bergen en de diepe, opgedroogde beekbedding van duizendkleurige zandsteen loopt. Ten slotte begint de zanderige Wadi el-Ain, met vele acacia's, palmen en door prikkeldraad beschermde putten. Iets verder liggen links de tuinen van Ain Oemm Ahmed en rechts de huizen van hun eigenaars.
Van Ain Oemm Ahmed loopt de weg verder door de Wadi Lethi en dan de Wadi Mikeimin en de Wadi Khoedra tot aan Ain Khoedra.

119 boven
Een beekje loopt door de oase Ain Oemm Ahmed en stroomt slingerend door de kalksteenrotsen.

119 onder
Uitstekend gecamoufleerd tussen de rotsen controleert een groen hagedisje de bewegingen van de indringers.

ST.-CATHARINA

U kunt langs twee verschillende wegen de hoogvlakte van St.-Catharina bereiken: de eerste begint vanaf de weg Daha-Noeweiba, de tweede vanaf de weg die langs de kust van de Golf van Suez en langs de grote Wadi Feiran naar het binnenland van het schiereiland loopt. Deze wegen komen samen bij het mausoleum, dat naar Sheikh Nabi Salah is genoemd, een plaatselijke heilige en door de bedoeïenen aanbeden profeet, die echter niet nauwkeurig met een historische figuur kan worden geïdentificeerd en misschien is afgeleid van de bijbelse overleveringen. Hier vandaan volgt de asfaltweg de Wadi El-Sheikh en komt uit op een hoogvlakte die ruwweg langs een noordoost/zuidwestas ligt en ter hoogte van de kapel van Sheikh Haroen op de vlakte el-Raga breder wordt. Deze vlakte heeft een driehoekige vorm en het gele zand vormt een contrast met de donkere kleur van de omringende granietbergen. In deze vlakte, die nu onherstelbaar door de bouw van het Santa Caterina Tourist Village is ontsierd, sloegen de joden hun tenten op en zagen voor de eerste keer de heilige berg (Exodus 19: 1-2). Hier werd ook, volgens bijbelse overlevering, het beroemde gouden kalf gesmeed en vernield door de woede van Mozes (Exodus 32: 19-20). Op de zuidelijke helling beginnen twee evenwijdig lopende wadi's: de Wadi el-Deir en de Wadi el-Lega. Aan het westelijke uiteinde bevindt zich de vlakte van Melga, waar, ter hoogte van de plaats St.-Catharina, de asfaltweg eindigt. De Wadi el-Deir of 'Vallei van het klooster', die ook Wadi Shoeib of 'Horebvallei' of ook wel Wadi Jethro (naam van de schoonzoon van Mozes) wordt genoemd, begint bij de kleine hoogte waar het mausoleum van Sheikh Haroen en de 'kapel van het gouden kalf' staan. In het hogere gedeelte bevindt zich het St.-Catharinaklooster. De wadi wordt begrensd door vier berggroepen, de Djebel el-Deir, de Djebel Moneiga, de Djebel Moesa en de Ras Safsafa. De Djebel el-Deir, waarvan het oostelijke gedeelte Djebel Megafa wordt

120 boven
Ras Safsafa, een naam die in het Arabisch 'Piek van de wilgen' betekent, is met zijn drie bergtoppen een van de meest karakteristieke bergen in de streek van St.-Catharina. Een asfaltweg loopt tegenwoordig door de Wadi Deir en eindigt op slechts een paar honderd meter van het St.-Catharinaklooster.

120 midden
De el-Rahavlakte bevindt zich in de Wadi el-Sheikh ter hoogte van de ingang van de Wadi el-Deir: volgens de overlevering sloeg het volk van Israël hier zijn tenten op. De oude karavaanweg, die door pelgrims en reizigers tot de vorige eeuw werd gebruikt om het St.-Catharinaklooster te bereiken, liep door deze brede, driehoekige zandvlakte, die tegenwoordig ontsierd wordt door het gebouw van een groot toeristencomplex.

120 onder
Aan de ingang van de Wadi el-Deir, die naar het St.-Catharinaklooster leidt, kunt u op de top van een eenzaam heuveltje twee gebouwen zien: het gaat om het mausoleum van Sheikh Aroen en de kapel van het gouden kalf, gebouwd ter herinnering aan het afgodsbeeld dat door de joden werd gesmeed en aanbeden terwijl Mozes zich op de berg bevond om de tafelen der wet te ontvangen.

genoemd, begrenst de Wadi Deir aan de noordkant. Op de hellingen van deze berg werden twee kapellen gebouwd, gewijd aan St.-Theodorus en St.-Galatius. Deze berg wordt geflankeerd door de Djebel Moneiga, die door een pas wordt gescheiden van het indrukwekkende massief van de Djebel Moesa. In het zuidwesten van de Wadi el-Deir bevindt zich de Ras Safsafa, of 'Piek van de wilgen', die de vlakte van el-Raha en Melga beheerst en eindigt in drie pieken: op de hoogste ervan is een kruis geplaatst ter herinnering aan het feit dat Mozes hier zijn volk, dat in de el-Rahavlakte aan de voet hiervan samen was gekomen, de

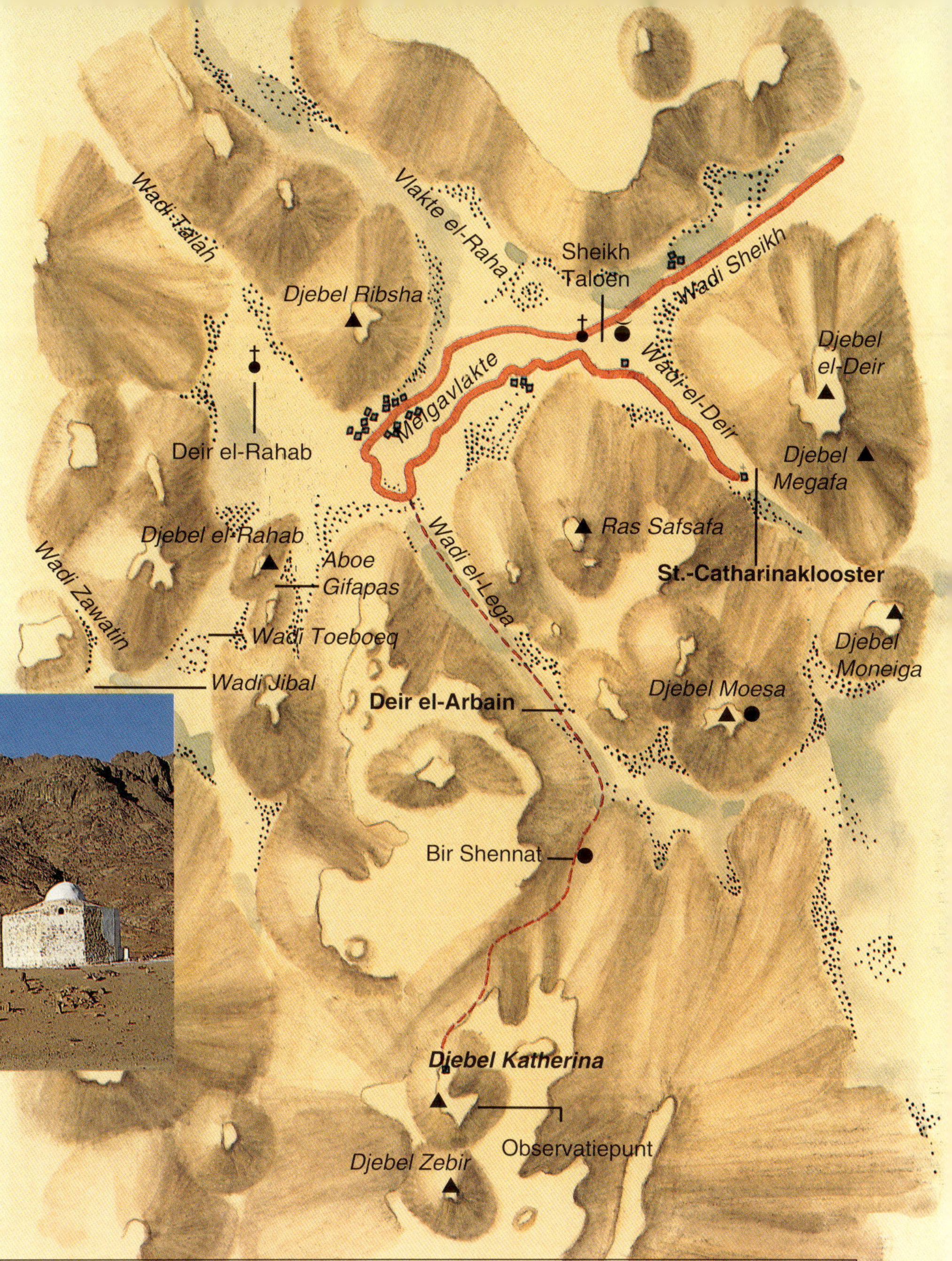

tafelen der wet toonde (Exodus 34: 29-35). De Wadi el-Lega begint in de vallei Melga en wordt door Ras Safsafa van de Wadi el-Deir gescheiden: hier begint het pad naar de Deir el Ribwa of 'Klooster van de twaalf apostelen' en daarna naar de Deir el-Arbain, of 'Klooster van de veertig martelaren', waar het pad begint naar de top van de Djebel Katherina.

121 Op enkele kilometers van het St.-Catharinaklooster, bij het kruispunt van de weg die naar de Wadi Feiran afdaalt, bevinden zich een klein kerkhof en het mausoleum van Sheikh Nabi Sala, een heilige en door de bedoeïenen van de streek aanbeden profeet. Het is echter niet nauwkeurig vast te stellen om welke historische figuur het hier gaat: volgens sommigen een voorvader van de Sawalha-bedoeïenenstam, maar hij zou ook een herinnering aan een bijbelse geschiedenis kunnen zijn, waarbij men in de loop der tijd door de mondelinge overlevering van de bedoeïenen deze profeet met Mozes verwarde.

PRAKTISCHE INFORMATIE

Bij de kruising van de weg uit Feiran en de weg die Dahab en Noeweiba met het dorp St.-Catharina verbindt, bevinden zich een benzinepomp en het *rest house* Green Lodge. De Green Lodge is een vrij eenvoudige, maar comfortabele verblijfplaats en kan worden beschouwd als een uitstekend vertrekpunt voor de talrijke excursies die u hier kunt maken: bezoek aan het St.-Catharinaklooster, beklimming van de Djebel Moesa, beklimming van de Djebel Katherina, een tocht naar de Blauwe Woestijn.
Als alternatief kunt u in het St.-Catharinadorp verblijven, dat bungalows verhuurt die van een beter niveau zijn dan die van de Green Lodge (ook al is het er minder gezellig), of in de gastenverblijven van het klooster zelf, waar u goed kunt overnachten. Voor excursies, de verhuur van kamelen en een bedoeïenengids dient u zich te wenden tot het enige gespecialiseerde 'reisbureau' dat er is: de Sheikh Moesa Travel Mountain, dat zich in St.-Catharinadorp bevindt.
Het is nuttig te weten dat de plaatselijke bevolking steeds de neiging heeft de excursietijden te verlengen en u moet goed aangeven wat u precies wilt zien en vooraf de te betalen prijs en de lengte van de excursie afspreken. Voor het beklimmen van de Djebel Moesa en het bezoek aan de Blauwe Woestijn is een gids volkomen overbodig.

HET KLOOSTER

122 Het St.-Catharinaklooster bevindt zich op 1570 meter hoogte aan de voet van de Berg Sinaï. Het klooster werd gesticht door keizer Justinianus, waarbij hij het kerkje inlijfde dat St.-Helena, de moeder van keizer Constantijn, in 330 n.Chr. had laten bouwen op de plaats waar Mozes volgens de overlevering de brandende braamstruik zag.

Het St.-Catharinaklooster, dat in een vallei aan de voet van de Berg Sinaï op 1570 meter hoogte ligt, werd tussen 527 en 547 n. Chr. door keizer Justinianus gesticht. Omgeven door een machtige uit de tijd van Justinianus daterende ringmuur werd het klooster later herhaaldelijk uitgebreid.
De ringmuur heeft verschillende afmetingen en hoogten, omdat men zijn vorm aan de berg moest aanpassen. Daarom heeft iedere zijde een lengte die varieert van 74 tot 84 meter, een hoogte tussen de 9 en 15 meter en een dikte van op sommige plaatsen meer dan twee meter. De muur die de noordkant omgeeft en Diwar Doeawara of 'Muur van de afgrond' wordt genoemd, werd in 1312 herbouwd en in 1800, in opdracht van Napoleon, door generaal Kléber hersteld. Deze generaal bouwde eveneens een wachttoren op een van de hoeken, een vierkante toren en een bolwerk met nog twee torens.

Vijftien eeuwen geschiedenis

Volgens de Bijbel kwamen de joden, na 50 dagen lopen tussen de bergen en de woestijnen van de Sinaï, in de vlakte van el-Raha aan, dicht bij de berg Horeb, waarop Mozes de tafelen der wet ontving, de Tien Geboden waarop de joodse en christelijke leer zijn gegrond.
De berg Horeb, die daarna Djebel Moesa ('Berg Sinaï') werd genoemd, werd de heilige berg bij uitstek, een bedevaartsplaats en meditatieoord voor de eerste christenen. Hier omheen vestigden zich pas in 330 n. Chr. de eerste monnikengemeenschappen, nadat Helène, de moeder van keizer Constantijn, die met zijn beroemde bevelschrift van 313 n. Chr. definitief een einde aan de vervolgingen had gemaakt en godsdienstvrijheid had verzekerd, een kerkje liet bouwen op de plaats van de brandende braamstruik.
De monnikengemeenschap die rondom de Djebel Moesa woonde, bleef zich in de volgende eeuwen uitbreiden en werd het doel van veel pelgrimstochten. In 527 n. Chr. gaf Justinianus opdracht een echt klooster te bouwen met een grote basiliek, beschermd tegen de invallen van de bedoeïenen door een indrukwekkende ringmuur die ook de oorspronkelijke St.-Helènekerk insloot. De basiliek, die daarna opgesierd werd met het prachtige, nu nog zichtbare mozaïek, dat de Verheerlijking van Christus wordt genoemd, kreeg de naam 'Basiliek van de Verheerlijking van Christus'. Dit zou echter niet de definitieve naam van de kerk blijven, want tussen de 8e en 9e eeuw vonden de monniken het lichaam van St.-Catharina, die volgens de overlevering door engelen naar de top van de Djebel Katherina was vervoerd. Het

lichaam van de heilige werd in een sarcofaag in de basiliek geplaatst, waar deze zich nu nog bevindt, en sinds die tijd draagt ze de naam 'St.-Catharina'. Ondanks de verovering van de Sinaï in 641 n. Chr. door de mohammedaanse Arabieren bleven de monniken in het klooster wonen, beschermd door een bevelschrift van Mohammed, die hen van zijn bescherming verzekerde. De stroom pelgrims verminderde sterk en begon pas in de 11e eeuw, ten tijde van de kruistochten, weer toe te nemen: de kruisridders zorgden dan ook voor de verspreiding van de verering van St.-Catharina in Europa, zozeer dat het klooster in de Sinaï, samen met Jeruzalem en Rome, een van de grote bedevaartsoorden van het christendom werd. Na de verovering van Egypte en de Sinaï door de Ottomaanse sultans, verkreeg het klooster met een bevelschrift van sultan Selim I in 1517 de bescherming van de nieuwe veroveraars. Het belang en de invloed van het klooster werden ook in deze moeilijke tijd groter en kloostergemeenschappen van dezelfde orde werden niet alleen in Egypte en in Palestina, maar ook op Kreta, in Roemenië en in Rusland gesticht. Ook Napoleon vaardigde ten tijde van zijn veldslag in Egypte een bevelschrift ter bescherming van het klooster uit, dat nu nog in de iconengallerij wordt bewaard; hij gaf bovendien opdracht enige herstelwerkzaamheden aan de muur uit te voeren.

123 boven
De ringmuur uit de tijd van Justinianus, die de talrijke gebouwen van het klooster omringt, werd ten tijde van de Napoleontische expeditie hersteld: het door twee torens omlijste midden bolwerk en de hoektoren aan de noordoostzijde werden in 1801 door generaal Kléber gebouwd.

123 midden
Enkele bedoeïenen Djebelieh, of 'bedoeïenen van de berg', verlenen hun diensten binnen het klooster: zij zijn afstammelingen van een groep uit Walachije en Bosnië afkomstige gezinnen, die hier ten tijde van Justinianus naartoe werden gebracht met als taak het klooster te dienen.

123 onder
De majestueuze bergen van de Sinaï omringen beschermend het St.-Catharinaklooster.

124-125 De machtige ringmuur die het klooster insluit, werd met het plaatselijke rode graniet gebouwd.
De hoogte varieert van 9 tot 15 meter, terwijl de muur op sommige plaatsen meer dan 2 meter dik is.

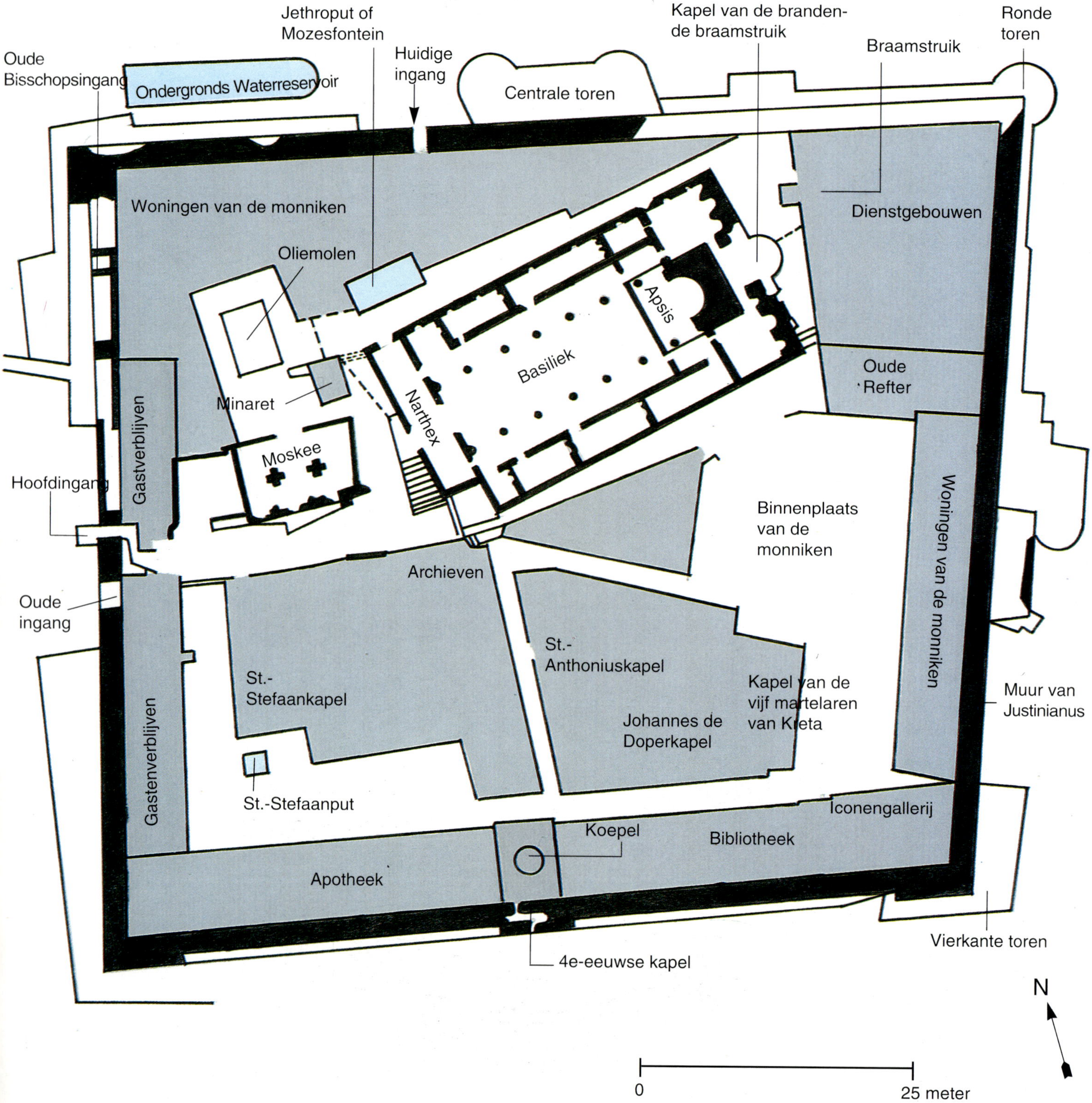
Oude Bisschopsingang
Ondergronds Waterreservoir
Jethroput of Mozesfontein
Huidige ingang
Centrale toren
Kapel van de brandende braamstruik
Braamstruik
Ronde toren
Woningen van de monniken
Dienstgebouwen
Oliemolen
Apsis
Basiliek
Oude Refter
Minaret
Narthex
Moskee
Gastverblijven
Hoofdingang
Binnenplaats van de monniken
Woningen van de monniken
Archieven
Oude ingang
St.-Anthoniuskapel
St.-Stefaankapel
Kapel van de vijf martelaren van Kreta
Muur van Justinianus
Johannes de Doperkapel
Gastenverblijven
St.-Stefaanput
Iconengallerij
Koepel
Bibliotheek
Apotheek
Vierkante toren
4e-eeuwse kapel
N
0
25 meter

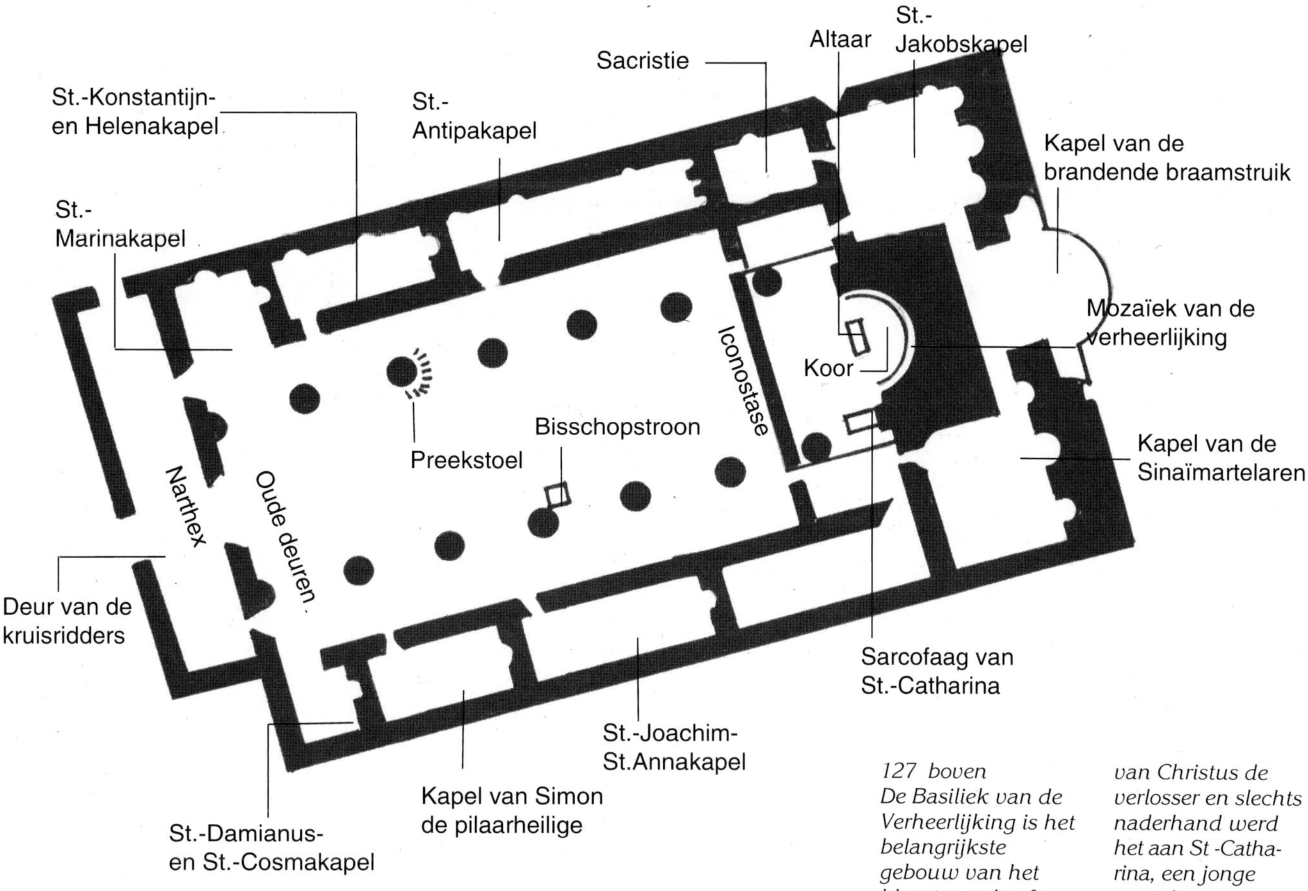

127 boven
De Basiliek van de Verheerlijking is het belangrijkste gebouw van het klooster en heeft een structuur met drie schepen. Van oorsprong was het klooster gewijd aan de verheerlijking van Christus de verlosser en slechts naderhand werd het aan St.-Catharina, een jonge martelares van Alexandrië, gewijd. De klokkentoren van de basiliek werd pas in 1871 gebouwd.

127 onder
Hier zien we een schematische afbeelding van het mozaïek van het interieur van de Verheerlijking van Christus-basiliek, die de absiskalot van de gelijknamige basiliek opsiert: het dateert van de 6e eeuw en is tot nu toe uitstekend bewaard gebleven. In het midden van de afbeelding bevindt zich de verheerlijkte Christus, rechts van hem Mozes en links Elia; aan zijn voeten de apostelen Petrus, Jacobus en Johannes.

128 boven en midden
Binnen de ringmuur bevinden zich talrijke gebouwen, waaronder de beroemde bibliotheek, het museum en de iconengallerij, de refter en de vertrekken van de monniken. U kunt niet alle gebouwen bezoeken: slechts een heel klein gedeelte van het klooster is voor toeristen toegankelijk.

128 onder
De wachttoren op de hoek werd, net als het middenbolwerk en de vierkante toren, in 1800 door generaal Kléber gebouwd, in opdracht van Napoleon.

De indeling van het klooster
De oorspronkelijke ingang van het klooster lag aan de westkant, terwijl de huidige ingang zich aan de noordkant bevindt. Als u dus het klooster door de noordingang binnenkomt, ziet u links de Mozesfontein, ook de Jethroput genoemd. Volgens de Bijbel redde Mozes, toen hij voor het eerst na zijn verbanning uit Egypte in dit dal kwam, de zeven dochters van Jethro, de priester van een plaatselijke god, van de brutaliteit van de plaatselijke herders. Als dank huwelijkte Jethro een van zijn dochters aan Mozes uit (zie Exodus 2: 16-22). Deze bron is de belangrijkste vorm van watervoorziening van het klooster en het bronwater wordt door een kanaal in een ondergronds bekken voor de noordelijke kloostermuur geleid. Als u de fontein van Mozes voorbij bent, bevindt u zich voor de in 527 in Byzantijnse stijl gebouwde basiliek, met drie schepen. Voor de basiliek staat een narthex (een term

die wordt gebruikt voor het portaal van vroegchristelijke basilieken, voorbehouden aan boetedoeners en catechumenen) met een houten deur uit de 11e eeuw. Op de architraaf zijn in het Grieks de volgende woorden geschreven: “Dit is de deur van de Heer, de rechtvaardigen mogen hier naar binnen”. In de narthex zijn enkele bijzonder waardevolle iconen te zien, de enige die voor het publiek zijn tentoongesteld. Hier komt u door een houten deur met vier deurvleugels de 6e eeuwse basiliek binnen: de bezoekers zullen verbaasd en onder de indruk raken van de overdaad en rijkdom van het interieur, de talloze lampen aan het vergulde plafond. De basiliek is gebouwd met drie schepen, door twaalf zuilen gescheiden, en is onder andere versierd met een prachtige iconostase uit de 17e eeuw, het werkstuk van een monnik van Kreta, die Jeremia de Sinaïbewoner werd genoemd. Het stelt Christus, de Heilige Maagd, St.-Catharina, St.-Nicolaas, St.-Michel, St.-Johannes de Doper en de grote liturgische feesten voor. Aan het einde, boven het koor en gedeeltelijk verborgen door de talrijke lampen, bevindt zich het beroemde mozaïek van de Verheerlijking van Christus met in het midden een grote afbeelding van Christus, omringd door Mozes, Elias en enkele apostelen. Rechts van het koor staat de marmeren sarcofaag met het lichaam van St.-Catharina. Binnen de ringmuur bevinden zich naast de basiliek nog andere belangrijke bouwwerken:

1) de klokkentoren, een in 1871 uitgevoerd bouwwerk van de monnik Basileios. Zijn negen klokken, die alleen tijdens de grote liturgische feestelijkheden luiden en niet voor de dagelijkse kerkdiensten, werden door de tsaar van Rusland geschonken.

2) de 'Kapel van de brandende braamstruik', naast de kerk , waar volgens de overlevering Mozes de braamstruik vlam zag vatten zonder dat deze verbrandde (zie Exodus 3: 5 en 3: 1-12). Het altaar van de kapel is gewijd aan de annunciatie en gebouwd op de wortels van de heilige braamstruik, terwijl de apsis wordt opgesierd door een mozaïek uit de 6e eeuw, toen de braamstruik naar buiten werd verplaatst bij de apsis van de kerk, waar deze nu nog steeds staat.

3) de refter, die bestaat uit een rechthoekige ruimte met een boogvormig gewelf, met in het midden een onmetelijke houten tafel die in de 18e eeuw uit Corfu hier naar toe werd gebracht. Op de muren ziet u 15e-eeuwse inscripties, achtergelaten door de pelgrims, die deze ruimte als slaapzaal gebruikten.

4) de moskee, gebouwd in 1106, die een hiervoor bestaande aan St.-Basileios gewijde kapel verving. In de moskee bevindt zich een houten *minbar* (Arabisch woord dat wordt gebruikt om de preekstoel aan te duiden, waarvan vrijdags wordt gepreekt voor de gelovigen), die stamt uit de 12e eeuw. Het is het enige nog bestaande exemplaar van een houten *minbar* uit de Fatimatijd. Bij de moskee hoort een minaret, die tegenover de klokkentoren van de basiliek staat.

129 Binnen het St.-Catharina-klooster staan verschillende gebouwen in een toevallige aaneensluiting van bouwstijlen en vormen naast elkaar: dit ogenschijnlijke gebrek aan eenheid doet echter niets af aan de vredige sfeer van deze plaats.

5) de bibliotheek wordt vanwege haar verzameling manuscripten (meer dan 3000) en miniaturen als de tweede ter wereld, na die van het Vaticaanmuseum, beschouwd. Helaas is deze bilibotheek zo goed als ontoegankelijk.
Deze grotendeels in het Grieks geschreven, bijzonder waardevolle handschriften werden door de monniken zelf vervaardigd (geschreven of herschreven) en dat is ook de bijzonderheid van deze verzameling, die uniek is. Hier ontdekte de Duitse geleerde Friedrich von Tischendorf in 1844 de beroemde *Codex sinaiticus*, met een bijbel uit de 4e eeuw. Dit handschrift, dat uit 129 perkamentvellen bestaat, werd in 1859 geschonken aan de Russische tsaar Alexander II, maar in 1933 verkocht de bolsjewistische regering het aan het British Museum, waar het nu nog bewaard wordt. Bij de bibiliotheek behoort eveneens de iconengallerij met meer dan 2000 iconen, grotendeels uit de periode tussen de 10e en de 15e eeuw, ook al zijn er tevens oudere exemplaren.
De iconen werden door de monniken van het klooster geschilderd, die een echte 'Sinaïtische kunst' ontwikkelden. Naast de bibliotheek wordt ook de kloosterschat bewaard die drinkbekers, iconen, kandelabers en andere voorwerpen omvat, geschonken door de gelovigen.

Bij het klooster, maar buiten de ringmuur, horen ook:

1) de door hoge cipressen omgeven tuin. Het is een echte bergoase met olijven, fruitbomen en een moestuin;

2) het kerkhof, in het midden van de tuin. Door ruimtegebrek worden de stoffelijke resten van de monniken na een bepaalde tijd weer opgegraven en in de nabije crypte van de St.-Trifoniuskapel geplaatst, die het knekelhuis vormt.

130 rechtsboven
Een laag muurtje beschermt een groene struik: volgens de overlevering gaat het om de beroemde brandende braamstruik die Mozes tijdens de beklimming van de Djebel Moesa zag.

130 rechtsonder
Veelkleurige versieringen verfraaien de façade van de kapel van St.-Johannes.

130 linksboven
In het midden van de foto kunt u de Basiliek van de Verheerlijking herkennen, een heilig gebouw waar waardevolle kunstwerken, in het bijzonder iconen, worden bewaard.

130 linksonder
Dicht bij de 'Mozesfontein' kunt u een fraaie boog uit de tijd van Justinianus bewonderen.

131 linksboven
De foto toont een van de kruisen die buiten op de stenen van de kloostermuur zijn uitgehouwen.

131 rechts
Bij de ingang van de Basiliek van de Verheerlijking bevindt zich een waardevolle deur met houtsnijwerk uit de 12e eeuw, die naar de narthex leidt.

131 linksonder
Aan de ingang van het klooster staat de 'Mozesfontein', een van de belangrijkste waterbronnen van het klooster. Volgens de bijbelse overlevering zou Mozes op deze plaats de dochters van Jethro hebben ontmoet, waarvan de oudste later zijn vrouw werd.

132-133 Het met talloze lampen rijk versierde interieur van de basiliek wordt overheerst door de grote houten iconostase uit de 17e eeuw met afbeeldingen van Christus, de Heilige Maagd en enkele heiligen, waaronder St.-Catharina.

134 De Iconengallerij omvat meer dan tweeduizend grotendeels tussen de 10e en 15e eeuw door de monniken vervaardigde werken; een van de meest waardevolle is de beroemde 'Trap naar de hemel' van St.-Johannes Climacus, een Sinaïtische monnik uit de 7e eeuw.

135 De iconen van St.-Catharina, alle op hout geschilderd, zijn de uitdrukking van een verfijnde en originele kunst.

136 boven
De gebouwen van het St.-Catharina-klooster liggen aan het einde van de Wadi el-Deir, plaatsnaam die het 'Dal van het klooster' betekent: bij het klooster horen ook talrijke gedeelten die zich buiten de ringmuur van Justinianus bevinden, zoals de slaapvertrekken, het knekelhuis, de boomgaarden en de tuinen.

136 onder
De tuinen van het klooster liggen in de schaduw van grote cipressen, olijfbomen en talrijke fruitbomen.

De monniken van St.-Catharina

De monniken van St.-Catharina zijn georganiseerd in een zelfstandige en onafhankelijke gemeenschap, met aan het hoofd een aartsbisschop, die bijgestaan wordt door een raad.
De Sinaï-monnikenorde, waartoe deze monniken behoren, was oorspronkelijk aangesloten bij de Kerk van Rome en werd in 1260 door Paus Innocentius IV erkend, maar twee eeuwen later, in 1439, ten tijde van het Concilie van Florence, maakte deze orde zich hiervan los om de liturgie van de Orthodoxe Kerk van het Oosten te volgen. De monniken volgen de leefregel van St.-Basileios: dat houdt in dat 's morgens het reveille om 2.30 uur is, het gebed en het opdragen van de mis van 4 tot 7.30 uur en de avondmis van 15 tot 17 uur. Na de vespers komen de monniken samen voor het enige, sobere maal van de dag. De liturgische diensten van de orde van St.-Catharina zijn in het Grieks en het merendeel van de monniken is ook Grieks.
Er zijn tegenwoordig slechts ongeveer vijftien geestelijken, maar in vroegere tijden waren er veel meer (zelfs 300-400 tussen de 10e en de 14e eeuw) en deze worden ook nu nog in het alledaagse leven geholpen door moslimse bedoeïenendienaars van de stam van de Djebelieh. Het zijn de tot het moslimgeloof bekeerde afstammelingen van een groep van tweehonderd families, afkomstig uit Walachije en de streek van Alexandrië, die hier in opdracht van Justinianus naartoe werden gebracht; ze kregen de taak het klooster te dienen.

PRAKTISCHE INFORMATIE
Het bezoek aan het klooster wordt dikwijls, en ten onrechte, beschouwd als iets wat u eenvoudig niet kunt missen tijdens uw reis naar de Sinaï. Ook al is dit waar wat de ligging van het klooster betreft, het is goed te weten dat een bezoek binnen het klooster tamelijk teleurstellend kan zijn. Het merendeel van de gebouwen, de bibliotheek en de Kapel van de brandende braamstruik zijn niet toegangelijk voor toeristen, die uitsluitend de kerk, de Mozesfontein, de brandende braamstruik en het ossuarium mogen bezoeken. Bovendien is het klooster slechts 's morgens (9-12 uur) geopend en gesloten op vrijdag en zondag, belangrijke godsdienstige feestdagen, en in sommige periodes van retraite. Het is daarom beter voor een bezoek informatie in te winnen bij de reisbureaus of rechtstreeks naar het klooster te bellen.

137 boven
In de buurt van het klooster staat, omheind door een muurtje, een kapelletje.

137 midden en onder
Het klooster huisvest ongeveer vijftien monniken, grotendeels van Griekse oorsprong, die de liturgie van de Orthodoxe Kerk van het Oosten en de regels van St.-Basileios de Grote volgen. Het is een zelfstandige gemeenschap, met aan het hoofd een aartsbisschop die wordt bijgestaan door een raad.

137 rechtsonder
In de tuin van het klooster, in de crypte van de aan St.-Trifonius gewijde kapel, bevindt zich het knekelhuis, met de stoffelijke resten van de monniken.

DJEBEL MOESA

Het beklimmen van de Djebel Moesa, ook bekend als de berg Horeb uit de Bijbel, is een excursie die u niet mag missen als u de plaats St.-Catharina bezoekt.
De beklimming van de Djebel Moesa (2286 m) duurt ongeveer drie uur en kan gemaakt worden via twee verschillende routes, die aan het uiteinde van het traject bij elkaar komen. De eerste weg, Sikket Saydna Moesa genoemd, 'de Weg van Mozes', is de weg die Mozes volgens de overlevering bij zijn eerste bestijging heeft afgelegd en bestaat uit een lange, steile trap van 3700 treden, door de monniken uitgehouwen in de rots. U kunt deze beklimming beginnen vanaf een weg die langs de zuidkant van de ringmuur van het klooster naar boven loopt, of vanaf een weg die zich ter hoogte van twee stenen gebouwtjes vertakt van de weg die de bedding van de wadi volgt, die u links moet laten liggen.
Na ongeveer 30 minuten klimmen komt u voorbij de 'Bron van Mozes', die in een kleine grot opwelt, en komt u een kapel tegen die aan de Heilige Maagd is gewijd.
Hierna moet u door de Poort van de biecht, die zo genoemd wordt omdat hier vroeger een monnik stond die de pelgrims de biecht afnam, zodat zij, nadat zij zich van hun zonden gezuiverd hadden, de berg konden beklimmen en door de St. Stefanspoort konden gaan. Zo komt u na 3000 treden te hebben beklommen, op een prachtige, door granietbergen omringde vlakte, genoemd het 'Amfitheater van de zeventig wijzen van Israël', omdat hier de zeventig wijzen achterbleven die Mozes bij zijn beklimming volgden, omdat alleen de profeet zich in het aanzicht van God mocht vertonen (Exodus 24: 1-11).
In het amfitheater, dat in de schaduw van grote cipressen en een olijfboom ligt, bevinden zich een bron en de kluizenaarshut van St.-Stefan, terwijl op een iets zuidelijker gelegen top twee aan Mozes en de profeet Elia gewijde kapellen te zien zijn.
Hier vandaan loopt ook de weg waarlangs u de top van Ras Safsafa kunt bereiken, nadat u voorbij enige aan St.-Johannes de Doper, St.-Anna, St.-Joacchim en de Heilige Maagd gewijde kapellen gekomen bent. Als u de noordoostelijke wand van het amfitheater beklimt, komt u uit op de plaats waar de tweede weg uitkomt: hier begint de laatste klim (700 treden), die u bij de top van de Djebel Moesa brengt.
Tijdens deze beklimming vindt u

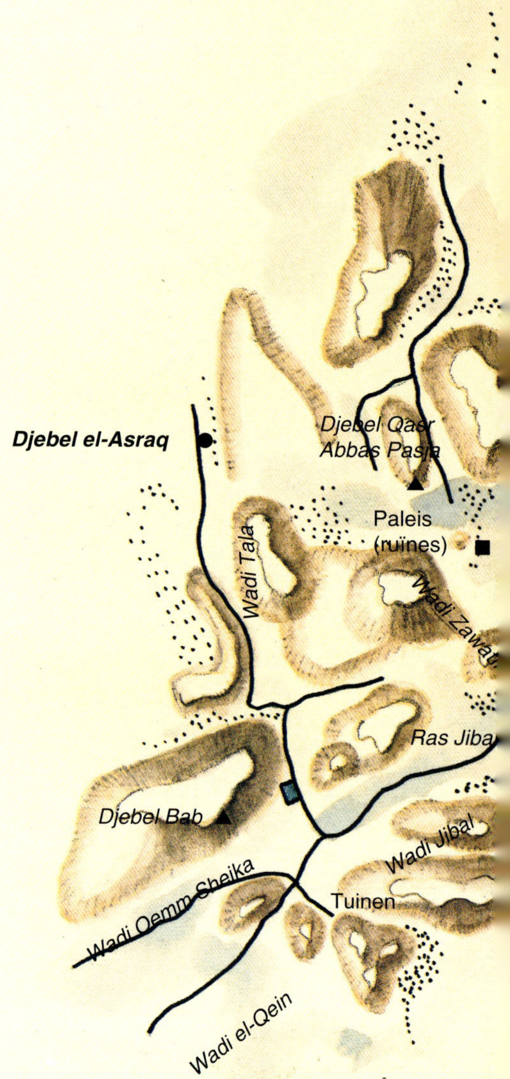

138 De kleine, door bergen overheerste open vlakte aan het einde van het eerste gedeelte van de trap die het klooster met de Berg Sinaï verbindt, wordt het 'Amfitheater van de zeventig wijzen van Israël' genoemd. Hier moesten de oude wijzen die Mozes begeleidden, achterblijven en vanuit de verte de goddelijke macht aanschouwen: alleen de profeet mocht naar de bergtop verder gaan.

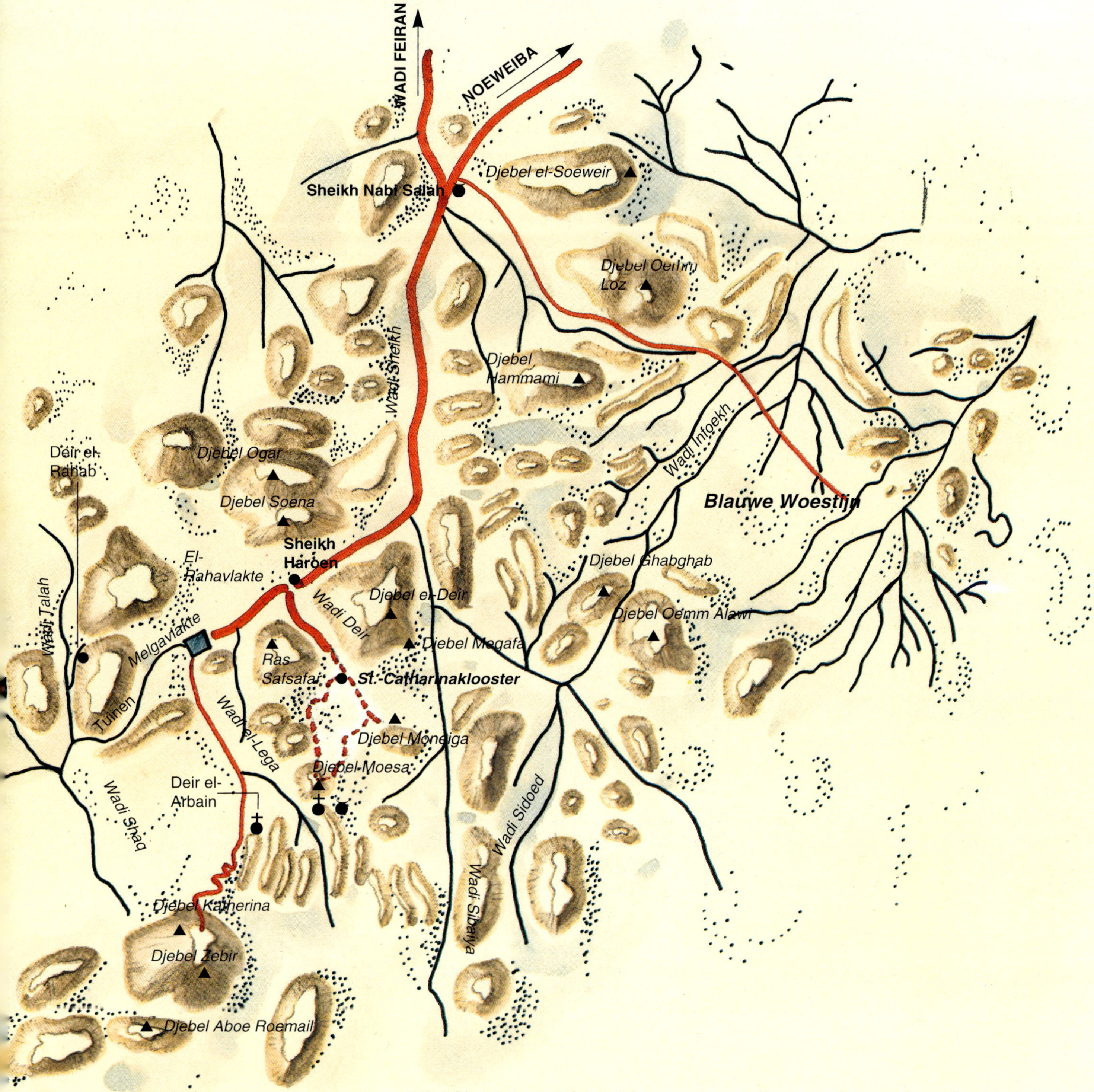

ongeveer halverwege een wonderlijke erosievorm in het graniet, die doet denken aan de afdruk van een kameelpoot en door de bedoeïenen Athar Nagat el-Nabi oftewel 'de Afdruk van de voet van de kameel van de profeet' wordt genoemd, ook al is het niet precies bekend op welke profeet de mondelinge overlevering duidt. Op de top van de Djebel Moesa staat ook een kapel die aan de Heilige Drie-eenheid is gewijd, die werd gebouwd op de plaats waar God zich, volgens de overlevering, in de vorm van een vuurwolk vertoonde en tot Mozes sprak (Exodus 24: 15-18). Het uitzicht is hier grandioos, vooral bij het eerste licht van de dageraad: het zicht reikt tot alle omringende bergen en op heldere dagen zelfs tot de Golf van Akaba.

De kapel, die in 1934 werd gebouwd op de ruïnes van een kerk uit de 4e-5e eeuw, is binnen opgesierd met fresco's die het leven van Mozes afbeelden. Ten westen van de kapel staat een kleine moskee, gebouwd in de 12e eeuw. Hieronder bevindt zich de grot waar Mozes 40 dagen verbleef en God zich vertoonde aan de profeet Elia (zie Exodus 24: 15-18; Koningen 9: 8-13).

De tweede weg is, ook al is hij langer, minder vermoeiend en kan deels ook per kameel afgelegd worden. Deze weg heet Sikket el-Basha, 'Weg van de pasja', omdat deze ten tijde van pasja Abbas I werd aangelegd.

Het pad loopt ongeveer 500 meter over de bodem van de Wadi el-Deir, tussen de Djebel Moesa en de Djebel Moneiga, en stijgt daarna kronkelend langs de zijkant van de Djebel Moesa tot een nauwe doorgang die boven het Amfitheater van de zeventig wijzen van Israël ligt. Hier komt het pad samen met de eerste weg.

Wadi el-Deir
St.-Catharinaklooster
Ras Safsafa
Weg naar Ras Safsafa
Mozesbron
Sikket Saydna Moesa
naar Deir el-Arbain
Kapel van
de Heilige
Maagd
Poort van de biecht
St.-Stefaanskluizenaarshut
Mozes- en Eliaskapellen
Poort van
St.-Stefaan
Sikket el-Basha
Amfitheater v.d. 70
wijzen van Israël
Djebel Moesa
Laatste
weggedeelte:
700 treden
Kerk
Moskee

PRAKTISCHE INFORMATIE

Het is een traditie de excursie naar de Djebel Moesa bij dageraad te maken, om het prachtige schouwspel van het eerste daglicht dat de omringende bergen met vurige kleuren verlicht, te bewonderen. U dient daarom minstens drie uur voor de dageraad te vertrekken, uitgerust met zaklantaarns, goede bergschoenen en warme kleren, want de temperatuur op de top is laag en er staat dikwijls wind. Houd er rekening mee dat het door de prachtige kleuren van de dageraad geboden schouwspel helaas bedorven wordt door de ontelbare personen die de excursie maken. Bovendien is het, als u eenmaal bij de kapel op de bergtop bent aangekomen, zelfs moeilijk nog een plaats te vinden zonder op de talrijke slaapzaktoeristen te trappen, die hier overnachten, en de hopen vuil die door deze menselijke fauna wordt achtergelaten. Gewoonlijk bestijgt u (te voet of per kameel) langs de *Sikket el-Basha* en daalt u langs de *Sikket Saydna Moesa* af. Langs de weg bevinden zich vele plaatsen waar u kunt rusten en iets kunt eten en drinken.

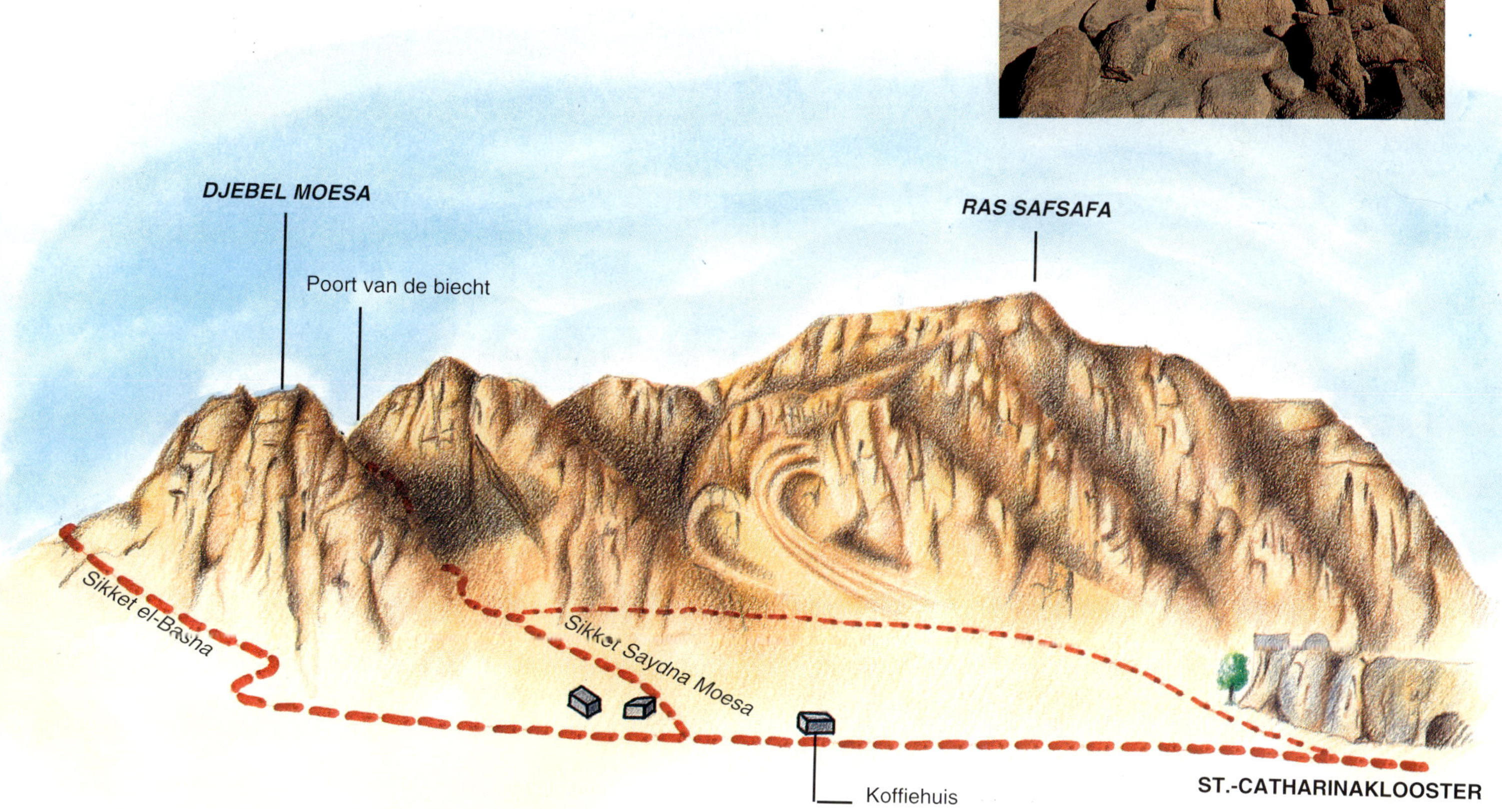

141 boven
Een steile trap met 3700 treden leidt naar de 'Poort van de biecht', op de top van de Berg Sinaï. Volgens de overlevering ontving een monnik bovenaan de trap de pelgrims om deze de biecht af te nemen. Slechts na zich gezuiverd te hebben mochten de pelgrims dit punt voorbijgaan en het heiligere gedeelte van de berg betreden.

141 onder
Op de top van de Berg Sinaï staan een kleine moskee en een aan de Heilige Drie-eenheid gewijde kapel, die in 1934 op de ruïnes van een vorige kerk werd gebouwd. Op deze plaats sprak God, volgens de bijbelse overlevering, tot Mozes.

142-143 Vanaf de 2285 meter hoge top van de Berg Sinaï kunt u van het prachtige uitzicht op de omringende bergen genieten.

Grot waar Mozes woonde
MOSKEE
KAPEL
N

145 boven
Het kapelletje op de Berg Sinaï is gehuld in het zwakke licht van de dageraad.

145 midden
De kapel van de Heilige Drie-eenheid werd in 1933 gebouwd op de resten van een tempel uit de Justiniaanse tijd.

145 onder
De klim naar de top van het indrukwekkende granietbolwerk van de Berg Sinaï vereist ongeveer drie uur lopen.

ST.CATHERINA – GALT EL-AZRAQ

Alle excursies naar de bergen ten zuidwesten van het dorp St.-Catharina starten vanaf de Wadi Aboe Gifa. Als u een goed gemarkeerd, dikwijls met grote treden in de rots uitgehouwen pad volgt dat zigzag tussen tuinen en bedoeïenenhutten klimt, bereikt u de pas Aboe Gifa. Links ziet u de Deir el-Ribwa, dat meer op een moderne bergwoning dan op een klooster lijkt, terwijl u rechts een pad kunt zien dat naar een hoge berg stijgt, die door de bedoeïenen Djebel Seroe of Djebel Rahab wordt genoemd. Dit pad, dat geregeld door de bewoners wordt gebruikt om hun vee naar de weiden te brengen, komt over een pas en daalt dan weer steil af aan de andere kant van de berg en komt dan bij het klooster van Deir el-Rahab uit (dat niet voor bezoek toegankelijk is), gelegen in een diepe vallei, rijk aan water, mooie tuinen en cipressen. Als u de pas Aboe Gifa over bent, begint een steile afdaling, waarna u aan het begin van de Wadi Toeboeq uitkomt. Hier vandaan opent zich rechts de nauwe toegang van de Wadi Talah, die eveneens naar Deir el-Rahab leidt, via een in de bedding van een kronkelende beek aangelegd pad.
Als u echter naar het zuidwesten verder gaat in de bedding van de Wadi Toeboeq, komt u tussen mooie tuinen, weelderige appel-, granaatappel-, amandel- en olijfbomen voorbij de Wadi Shaq, die links begint (ongeveer 1 uur en 20 minuten na het vertrek). Voorbij een nauwe bergkloof tussen granietwanden buigt de wadi scherp naar west-zuidwest af. Vanaf deze plaats hebt u een prachtig uitzicht op Djebel Katharina, die in zijn volle schoonheid in het zuidwesten verrijst. Hier vandaan komt u in het zuidelijke gedeelte van de Wadi Zawatin. Rechts leidt een kort pad naar een stenen hut die dikwijls door bedoeïenen en toeristen wordt gebruikt voor overnachting.
Enkele honderden meters verder komt u links een vertakking van

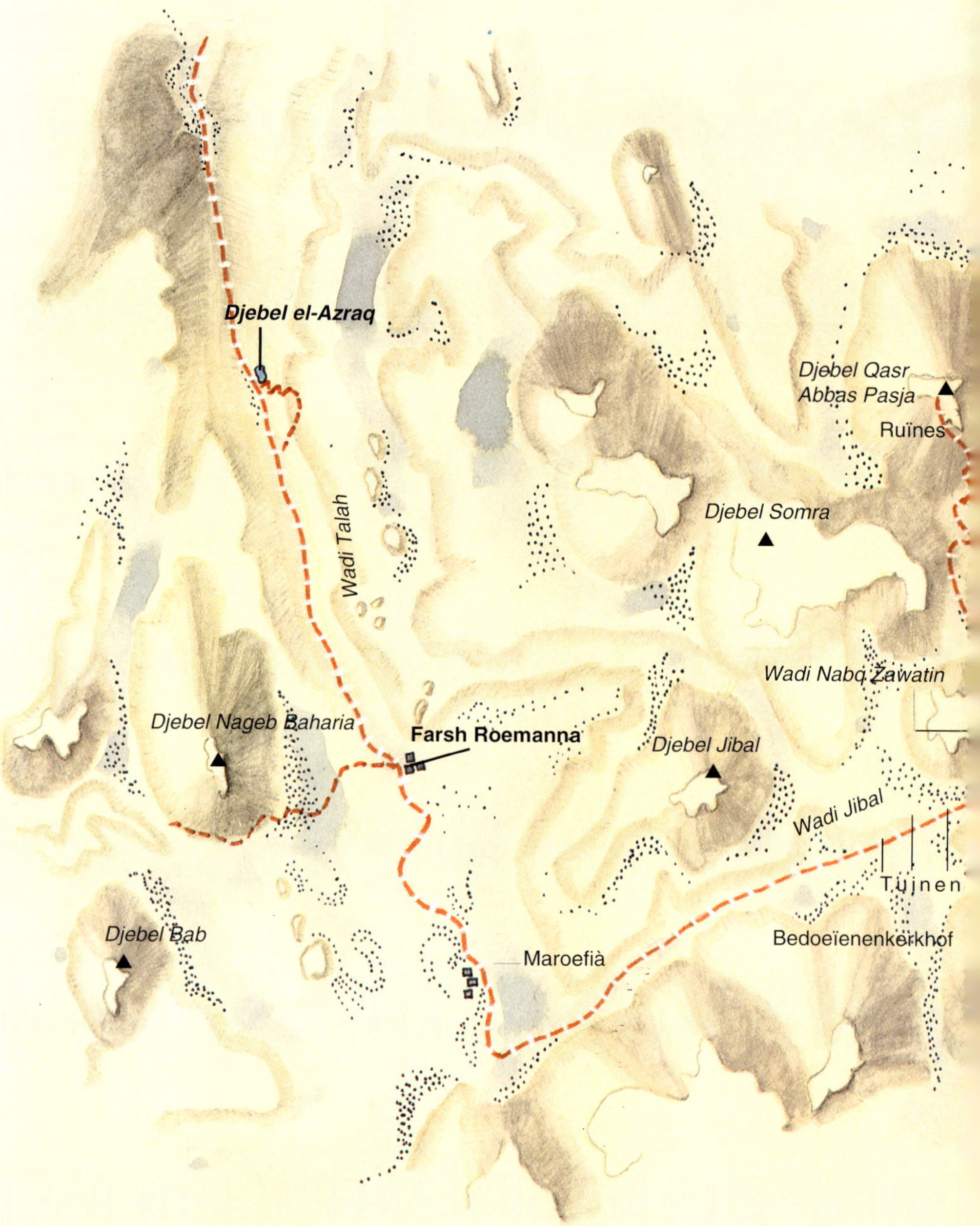

dezelfde Wadi Zawatin tegen, die Nabq Zawatin wordt genoemd, ter hoogte van een dichte groep olijfbomen. Als u echter rechtdoor in noordoostelijke richting langs de Wadi Zawatin verder rijdt, komt u aan bij de Djebel Abbas.
Als u de Nabq Zawatin bent doorgereden, komt u links voorbij een klein bedoeïenenkerkhof en komt u aan het begin van de brede vlakte van de Wadi Jibal, die in zuidwestelijke richting loopt. De hoogvlakte wordt dan nauwer en eindigt in een afdaling met stenen, die 's winters in een beek verandert. U ziet links en rechts veel tuinen en putten liggen en de weg loopt langs een lange muur, die de eigendommen van de bedoeïenen beschermt.

Ongeveer drieënhalf uur na het vertrek komt u bij de Djebel Misman, met de kenmerkende afgeronde puntvorm, die links van u verschijnt. Zodra u deze berg voorbij bent, ziet u links het pad dat naar de prachtige putten van Ain Naghila leidt. Als u verder langs de Wadi Jibal afdaalt, buigt het pad tussen granietrotsen met wonderlijke vormen in noordwestelijke richting af. Vlak hierna komt u in een dorp met stapelhutten, dat door de bedoeïenen Marufià wordt genoemd, waar u eventueel kunt overnachten. Na deze huizen loopt de weg verder langs de rechteroever van de wadi, die zich in een brede vlakte opent. Aan het einde hiervan bereikt u de plaats

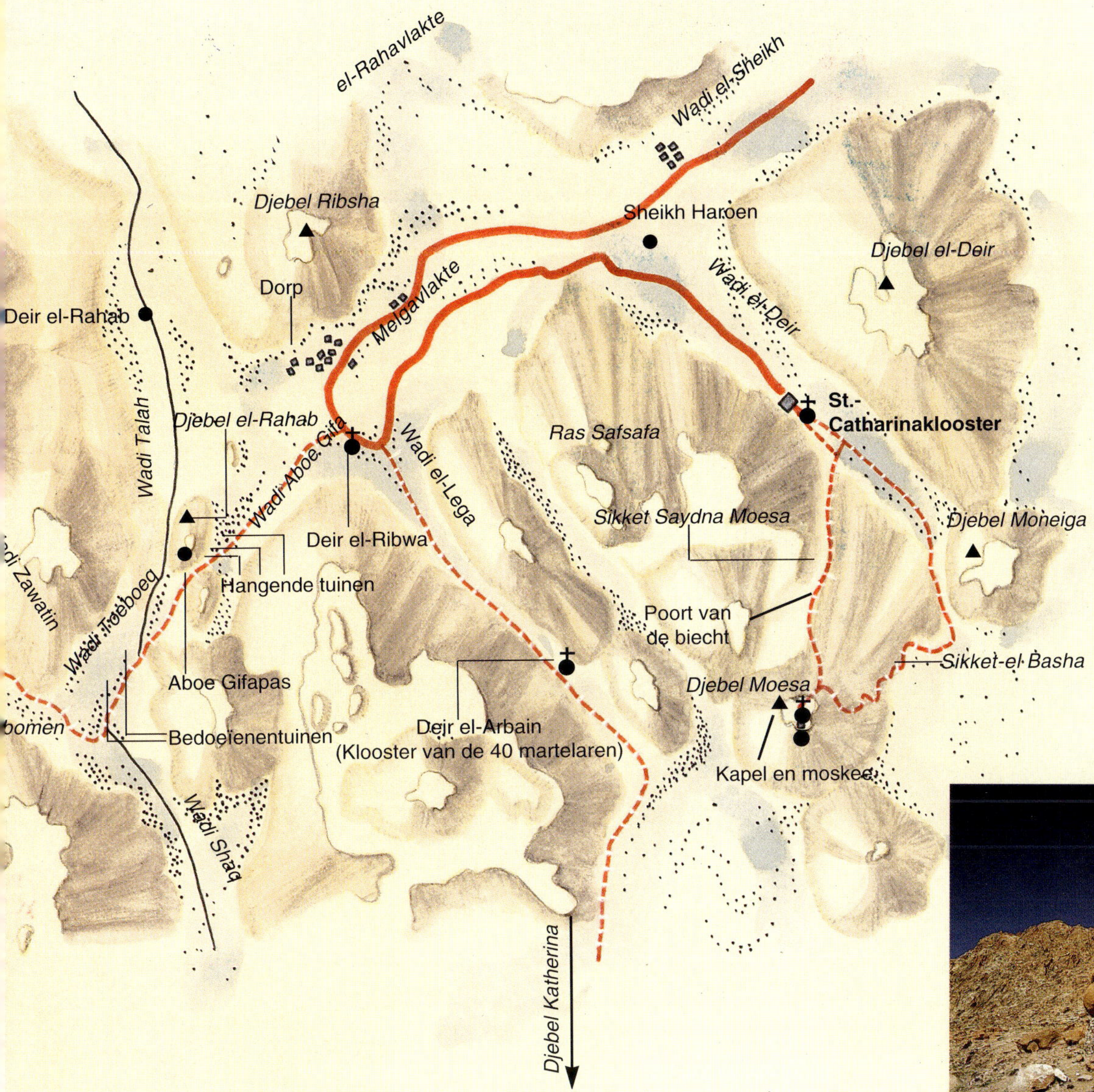

147 boven
In Farsh Roemanna bevindt zich achter deze grote rots een kleine spelonk waarin toeristen en bedoeïenen vooral 's winters, bij strenge koude, overnachten.

147 onder
Vanaf de top van de pas Aboe Gifa hebt u een prachtig uitzicht op de Melga- en de el-Rahavlakte.

die Farsh Roemanna ('Vlakte van de granaatappels') wordt genoemd, na ongeveer 5 uur lopen. Vanaf deze prachtige plaats, die rijk is aan water, kunt u verschillende excursies maken en in ingerichte steenhutten overnachten, onder Spartaanse omstandigheden.
Ten westen, tegenover de hutten, kunt u door een opening tussen de rotsen, aangegeven door twee palen, een mooie vlakte bereiken waar, naast talrijke, recentere bedoeïenengraven, ook verschillenden graven uit de Bronstijd zijn te vinden.
De vlakte wordt ten westen afgesloten door de Djebel Nabq Baharia, hier vandaan loopt het pad steil terug naar de putten van Ain Naghila. Als u Farsh Roemanna achter u laat, daalt u langs de beek en de wadi af, die in het verlengde van de Jibal ligt en Wadi Talah wordt genoemd. Na minder dan twee uur lopen komt u op een prachtig observatiepunt uit. Hier kunt u op de achtergrond de donkere vorm van de indrukwekkende Djebel Tarbush bewonderen en onder u ook twee diepe kommen, waarvan het diepgroene water een contrast vormt met de kleur van de omringende rotsen: de onderste put is de beroemde Galt el-Azraq, 'de blauwe put'. U doet over de bijzonder steile afdaling naar de beekbedding ongeveer twintig minuten en komt dan rechtstreeks in Galt aan, waar het water van de beek een prachtige waterval vormt. In de zomermaanden kunt u heerlijk zwemmen in dit kleine bergmeertje, dat ongeveer 7 meter diep is.

148 boven
U kunt via een steil pad, dat langs de berghellingen kronkelt en voorbij talrijke hangende tuinen loopt, naar de pas Aboe Gifa klimmen. Het is de verplichte weg om de talrijke routes over de bergen van de streek van St.-Catharina te kunnen maken.

148 midden
De Wadi Jibal is rijk aan water en planten en u vindt hier vele met gewassen bebouwde tuinen.

148 onder
Het kronkelende pad, dat in Farsh Roemanna begint en bij het diepe bekken Galt el-Azraq aankomt, loopt door een rotsbeschutting.

149 boven
Aan het begin van de Wadi Jibal komt u een bedoeïenen-kerkhofje tegen.

149 midden
Na Farsh Roemanna loopt de weg verder en daalt af langs een beek, die rijk is aan water en in het verlengde van de Wadi Jibal loopt, die vanaf dit punt Wadi Talah heet.

149 onder
De Galt el-Azraq is een van de meest buitengewone plaatsen van de bergen van St.-Catharina: hier heeft het water van de beek, die een kleine waterval vormt, een 6 tot 7 meter diep bekken uitgegraven, waar u een verfrissende duik kunt nemen.

DJEBEL KATHERINA

150 boven
Op deze foto is de oosthelling van de Djebel Katherina te herkennen; op de achtergrond is nog net het water van de Golf van Suez te zien.

150 onder
De Wadi el-Lega volgt een traject dat evenwijdig loopt aan de Wadi el-Deir, waar zich het St.-Catharinaklooster bevindt, en is de eenvoudigste toegangsweg naar de Djebel Katherina. Aan het einde hiervan staat een klooster dat Deir el-Arbain wordt genoemd, het 'Klooster van de veertig martelaren'. Het klooster werd ter nagedachtenis aan veertig door bedoeïenen vermoorde monniken gebouwd.

De beklimming van de Djebel Katherina is minder druk dan die van de Djebel Moesa, ook al is het schouwspel dat u van de top van deze 2642 m hoge berg kunt genieten mischien mooier dan dat van de Djebel Moesa. In ieder geval bent u hier (bijna) verzekerd van rust. Het toegangspad loopt vanaf de Melgavlakte en volgt de bedding van de Wadi el-Lega, evenwijdig aan de Wadi el-Deir. Met de auto kunt u tot het Klooster van de heilige apostelen (Deir el-Ribwa) rijden, daarna gaat u te voet langs de Wadi el-Lega verder en komt u na ongeveer 2 km bij het Klooster van de veertig martelaren (Deir el-Arbain), dat werd gesticht ter herinnering aan veertig door bedoeïenen vermoorde monniken.Vanaf deze plaats verlaat het pad de bedding van de wadi en klimt het tegen de linkerhelling op. Nadat u de Shaqq Moesa genoemde bergkloof voorbij bent, komt u op een kleine vlakte met een bron: het is de Bir el-Shenar, 'de Put van de patrijzen', die zich op een hoogte van 2000 meter bevindt. Het pad loopt kronkelend langs de berg verder en uiteindelijk komt de top van de berg in zicht, herkenbaar aan een kleine witte kapel.
Als u bij de pas aankomt die de Djebel Katherina van de Djebel Zebir scheidt (2644 m), de hoogste top van de Sinaï, begint een trap die naar de kapel loopt, waar men in twee kamertjes uit kan rusten.
N.B. Voor de excursie naar de Djebel Katherina hebt u ongeveer 5 uur nodig voor de beklimming en 3 uur voor de afdaling.

PRAKTISCHE INFORMATIE
Bij het hoofdkantoor van de Sheikh Moesa Mountain, bij het Travelling Office, kunt u de gekozen trekkersroute organiseren met een kameeldrijver en kamelen, afhankelijk van het te vervoeren bagagegewicht.
Om u een idee te geven: de kosten voor een gids, een kameeldrijver en twee kamelen komen op 115 Egyptische pond per dag, maar dit bedrag kan variëren, met het oog op bijzonder ingewikkelde routes.

151 boven
Vanaf de Wadi Sheikh hebt u een prachtig uitzicht op Ras Safsafa.

151 midden
Het indrukwekkende massief van de Djebel Oemm Shomer valt onmiddellijk op in het panorama van de Sinaïwoestijn; erachter verrijst de Djebel Katherina.

151 onder
Als u door de Wadi Zavatin rijdt en daarna de Wadi Shaq in zuidelijke richting inslaat, ziet u in de verte het indrukwekkende, donkere massief van de Djebel Katherina, de hoogste bergtop van het Sinaï-schiereiland.

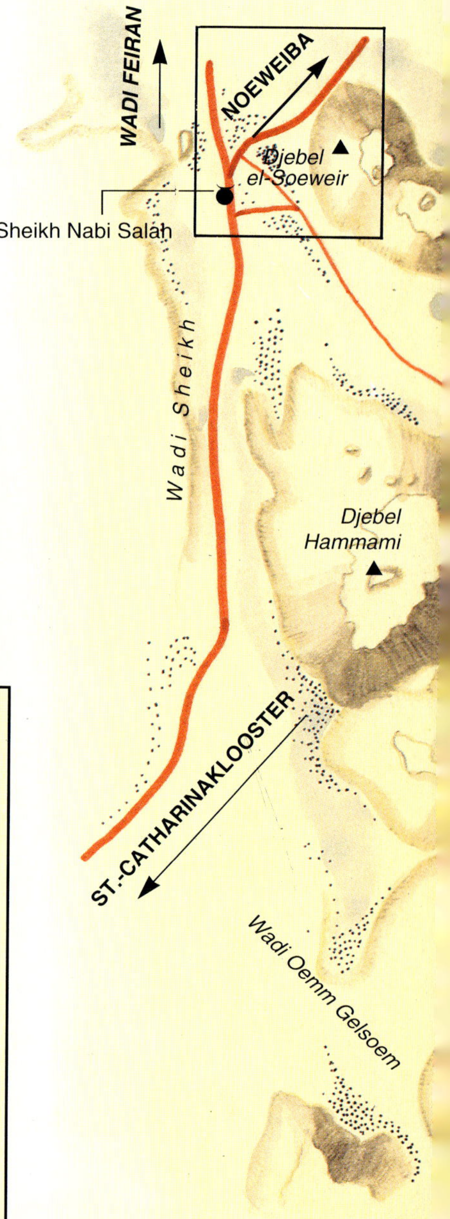

BLAUWE WOESTIJN

Met de naam 'Blauwe Woestijn' wordt een hoogvlakte bedoeld die zich ten westen van het mausoleum van Sheikh Nabi Salah uitstrekt en een oppervlakte van 15 vierkante km beslaat, waar de Belgische kunstenaar Jean Verame tussen 1980 en 1981 met toestemming van President Sadat vele grote rotsmassa's blauw, het symbool van de vrede, schilderde om het einde van de oorlog tussen Egypte en Israël te vieren. Ook al heeft dit buitengewoon bijzondere kunstwerk, waar wel 10 ton verf voor nodig was, bijzonder veel stof doen opwaaien, de Blauwe Woestijn blijft een unieke plaats waar de onnatuurlijke kleur van de rotsmassa's een open contrast vormt met de okergele woestijnkleuren, deze een buitengewone plasticiteit verleent en de rotsen bijna in natuurlijke beeldhouwwerken verandert.

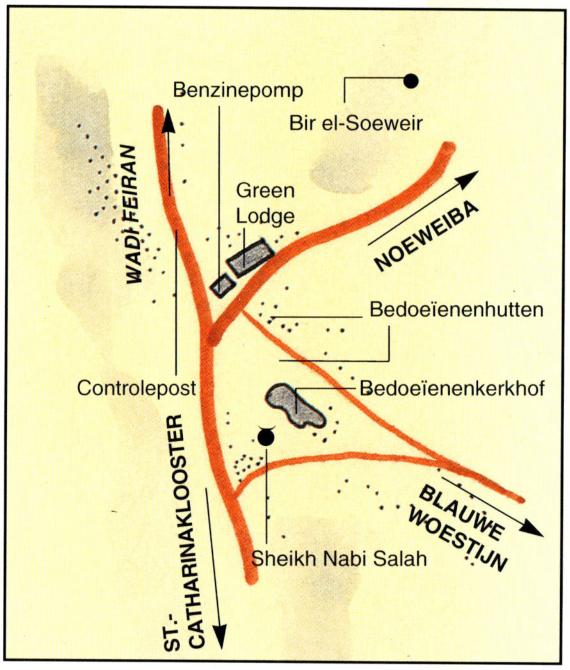

Route

De goed verharde en met ieder soort voertuig begaanbare weg begint bij de asfaltweg die naar het klooster van St.-Catharina leidt, meteen na de kruising met de weg die van Feiran afkomt, ter hoogte van het mausoleum van Sheikh Nabi Salah, en loopt in zuidoostelijke richting.

Na ongeveer 6 km van het begin van de weg komt u in het gebied van de Blauwe Woestijn, die ongeveer 4 km doorloopt.

Het merendeel van de geschilderde rotsen bevindt zich aan de rechterkant van de weg.

152 Om de vrede tussen Egypte en Israël te vieren schilderde de Belgische artiest Jean Verame tussen 1980 en 1981 deze rotsen blauw, die zich op een hoogvlakte op een paar kilometer afstand van St.-Catharina bevinden.

153 links
Jean Verame had tien ton verf nodig om zijn originele kunstwerk te voltooien.

153 rechts
Far, een oude bedoeïen uit deze streek, zit voor de grootste blauwe rots en wacht op de komst van de toeristen, aan wie hij prachtige kwartskristallen en andere ertsen verkoopt.

160 De woestijn, eens het absolute domein van de bedoeïenen, wordt tegenwoordig door een groeiend aantal toeristen bezocht.

WOORDENLIJST

Translitteratie en vertaling van het Arabisch in het Nederlands van de in de tekst gebruikte woorden

Ain = bron, wel, oase
Bir = put
Chark = oost
Darb = pad
Deir = klooster
Djebel = berg
Fersh = hoogvlakte
Galt = bekken, put
Garb = west
Haggar = steen
Hamman = bad
Kebir = groot
Khirberh = ruïnes
Kibla = zuid
Maghara = grotten
Maghreb = west
Malya = water
Marsa = baai
Nabi = profeet
Naqoeb = pas
Nebka = dal met lage duinen
Oemm = moeder
Qalaat = fort
Qasr = kasteel
Ramleh = zand
Ras = punt, kaap, uitloper
Seih = bergstroom
Seil = bergstroom
Sheikh = leider, man die een belangrijke sociale rol bekleedt
Shemal = noord
Sidd = waterval
Sikka = weg
Tella = bergkloof
Wadi = dal

NUTTIGE NUMMERS

HOTELS

SHARM EL-SHEIKH

Barracuda Can Village (062)600442.
Cateract (062)600280/1 fax (062)600282, *Naama Bay.*
Cliff Top Hotel (062)600251-4- fax (2)3922228, *Sharm el-Maya.*
Dolphin Hotel (062)600656.
El-Baraka Village (062)600378 - fax (062)600878.
El-Keheima Resort (062)600167/8 - fax (062)600166, *Sharm el-Maya.*
Gafy Land (062)600211/2 fax 600210, *Naama Bay.*
Ghazala Hotel (062)600150/6 - fax 600155, *Naama Bay.*
Halomy Sharm Village (062)600681-9 - fax 600134, *Naama Bay.*
Helnan Marina Sharm (062)600170, *Naama Bay.*
Hilton Fayrouz (062)600141/2 - fax (2)770726, *Naama Bay.*
Hilton Residence (062)600267/6 - fax (2)770726, *Sharm el-Maya.*
Hotel Aquamarine (062)600175/79 - fax (062)600177, *Naama Bay.*
Kanabesh Village (062)600184/6 - fax (062)600185, *Naama Bay.*
Layalina Cataract (062)600280 - fax (062)600282, *Naama Bay.*
LTI Seti Sharm (062)600870/7 - fax (062)600392, *Sharm el-Maya.*
Marina Sharm Hotel (062)600170/1, *Naama Bay.*
Mövenpick (062)600100/10 - fax (062)600111/5, *Naama Bay.*
New Tiran Hotel (062)600225 - fax (062)600220, *Naama Bay.*
Pigeon House (062)600995 - fax (062)600995, *Naama Bay.*
Safety Land (062)600359-600373, *Sharm el-Maya.*
Sanarif (062)600197/8 - fax (062)600196/5, *Naama Bay.*
Seti Hotel (062)600147, *Sharm el-Maya.*
Shark Bay (062)600942/3 fax (062)600944, *Shark Bay.*
Sharm Club (Venta club) (062)600260/2 - fax (062)600263, *Tower Bay.*
Sheikh Coast (062)600835 - fax (062)600836, *Coral Bay.*
Sonesta (062)600725/6, *Naama Bay.*
Sonesta Beach Resort (062)600733, *Naama Bay.*
Tiran Village (062)600221 - fax (062)600166, *Naama Bay.*
Tower Hotel (062)600229 fax (062)600220, *Tower Dive Site.*
Tropicana Hotel (062)600652 - fax (062)600649, *Naama Bay.*
Youth Center Sharm (062)600644, *Sharm el-Maya.*

DAHAB

Canyon Dive Site (062)640043, *Canyon Dive Site.*
Ganet Sinai Hotel (062)640440 - fax (062)640441.
PLM Azur (062)640301 fax (2)776736.
INMO (062)640370/1 fax (062)640371, *el-Mashraba.*
PLM Holiday Village (062)600403 fax (062)600890.

NUWEIBA

Bawaki (062)500470, *Nuweiba-Taba.*
Baracuda Hotel (062)520300
Basata (2)3501829, *Ras Burqa.*
Dolphin Beach Hotel (2)771932, *Nuweiba-Taba.*
El-Salam Village (062)500440
El-Waha (062)500420/1.
Hilton Coral Beach (062)520320.
Nuweiba Holiday Village, (062)500402.
Sally Land (062)530380 *Nuweiba-Taba.*
Sayadin Beach Hotel (062)500340 - fax (062)520340/1.

TABA

Taba Hilton (062)763136 fax (2)747044, *Taba.*

HURGADA

Coral Beach Hotel (065)442160/1/2.
El-Giftun Village (065)442667
Hotel Inter Continental (065)443911 - fax (065)443910.
Jasmine Village (065)442442 - fax (065)442441.
Magawish Village (065)442620 - fax (065)442759.
Mashrabia Village (065)443330 - fax (065)443344.
Moon Valley Hotel (065)442811.
Paradiso Resort (065)447935/6/7.
Princess Hotel (065)443100/1/2.
Sheraton Hotel (065)442000 - fax (065)442033.

Sonesta Resort (065)443660/1 - fax (065)443661.
Westin Resort (065)443240/1/2.

EL-ARISH

Oberoi (068)351321.

S.TA-CATERINA

Daniela Village (062)7497732.
Monastery 770945.
St. Catherine Village (062)770456 - fax (062)720221.

DUIKCENTRA

SHARM EL-SHEIKH

African Divers (062)600307, *Ras Um Sid Dive Site.*
Aquamarine Diving Center (062)600276 - fax (062)600176.
Aquanaute Diving Center (062)600187 - fax (062)600619, *Naama Bay.*
Aquavision by Venus (062)600280.
Camel Diving College (062)600700 - fax (062)600601, *Naama Bay.*
Colona Dive Club (062)600184/5 - fax (062)600185, *Naama Bay.*
Divers' Den (062)600195
Divers' Lodge (2)3453552 (Cairo) - fax (2)3027383, *Naama Bay.*
Diving Center (062)600276 - fax (062)600176, *Naama Bay.*
Embarak Diving Resorts (062)600942 - fax (062)600944, *Shark Bay.*
New Tiran Diving Center (062)600225 - fax (062)600220, *Naama Bay.*
Ocean Quest Plc (062)600268 - fax (2)770726, *Sharm el-Maya.*
Oonas Divers (062)600581 - fax (062)600582, *Naama Bay.*
Red Sea Diving College (062)600145/4 - fax (062)600144, *Naama Bay.*
Red Sea Diving Club (062)600343 - fax (062)600342, *Naama Bay.*
Scubatour (062)600167 (062)600166, *Sharm el-Maya.*
Shark Bay (062)600942/3.
Sinai Divers (062)600697-(062)600150/1 - fax (062)600158-600155, *Naama Bay.*
Sinai Dive Club (2)760575 (Cairo) - (062)600140(Sinai) - fax (2)770726.
Subex Diving Center (062)600100/5 - fax (062)600111, *Naama Bay.*
Sultana Dive Center (062)600144.
Tentoria Diving Center (062)600350 - fax (062)600334, *Sharm el-Maya*; (062)600280/1 - fax (062)600282, *Naama Bay.*
Tiran Dive club (062)600285, *Naama Bay.*

DAHAB

Canyon Dive Club (062)640043, *Canyon Dive Site.*
Dahab Dive Center (062)770788 - fax (062)776736, *PLM Azur Hotel.*
Fantasea Divers (062)640043, *Assalah Village.*
INMO (062)640370/1 - fax (062)640372, *el-Mashraba.*
Jugo Riepl (062))640093.
Nesima Diving Center (062)640320 - fax (062)640321, *el-Mashraba.*
Sinai Dive Club (062)640302, *PLM Azur Hotel.*

NUWEIBA

Aqua Sport (062)520320 - fax (062)520327.

TABA

Taba Hilton Diving Center (062)771888 - fax (062)771461, *Taba Hilton.*

HURGADA

Aquanut Red SGA. Diving Guide (065)447045.
Coral Beach Hotel (065)442160/1/2.
James & Mac (065)442665/7/8 - fax (065)442666-442300.
Paradiso Resort (065)447935/6/7.
Simbad (065)443261/6 - fax (065)447471.
Sonesta Resort (065)443660/1.
Subex (065))447593 - fax (065)447471.
Westin Resort (065)44324/1/2.

REISBUREAUS

SHARM EL-SHEIKH

Alpitour (062)600911/2, *Naama Bay.*
Best Tour (062)600857/8, *Sharm Mall-Naama.*
Clipper (062)600280.
Egypt Travel (062)600164.
Emeco (062)600266, *Hilton Residence.*
Franco Rosso (062)600591, *Naama Bay (New Tiran Hotel).*
Inter Egypt (062)600591/2, *Naama Bay (New Tiran Hotel).*
Ita Tours (062)600140, *Hilton Fayouz Hotel-Naama.*
Jet Arrow (062)601777 - fax (062)600250, *Sharm Mall-Naama.*
Misr Sinai Touristic Co. (062)600640, *Sharm el-Maya.*
National Travel Service (062)600911/2, *Naama Bay (New Tiran Hotel).*
Pianeta Terra (062)600150-600685, *Naama Bay (New Tiran Hotel).*
Safaga Travel (062)600185/6.
Scubatour (062)600166.
Seti First Travel (062)600378, *Seti Sharm Hotel.*
Siag Travel (062)600860-600893/4/5 - fax (062)600201, *Naama Bay (New Tiran Hotel).*
South Sinai Travel (062)600150/69, *Ghazala Hotel.*
Spring Tours (062)600130/1/2, *Tiran Village.*
Starco Travel (062)601300, *New Tiran Hotel.*
Tips (062)600208, *Sanafir.*
Tiran Tours (062)600221/2, *Tiran Village.*
Top Team Service (062)600961 - fax (062)600962, *Sharm Mall-Naama.*
Trans Egypt (062)600127, *Naama Bay (Tiran Village).*
Travco (062)600764, *Naama Bay (Mövenpick Jolie Ville).*
Turisanda (062)600127 - fax (062)600129, *Naama Bay.*
Viaggi del Ventaglio (062)600186, *Sharm Club.*

AUTOVERHUUR

SHARM EL-SHEIKH

Europcar-Max (062)600686, *Fayrouz Hilton.*
Europcar-Max (2)771284, *Ghazala Hotel.*
Hertz (062)600459, *Naama Bay.*
Siag Travel (062)600893/4/5.
Top Team Service (062)600961 - fax (062)600962, *Sharm Mall-Naama.*

TABA

Europcar-Max (2)763544, *Taba Hilton.*

DUIKSPORT ARTSENDIENST

SHARM EL-SHEIKH

Hyperbaric Service (062)600922/3 (062)601011.

LIJST VAN PLAATSEN

LEGENDA VAN DE KAARTEN

- ● Duikplaats
- ● Woonplaats
- ▲ Berg
- † Christelijke kerk
- ● Moskee
- Vuurtoren
- ⚒ Mijn
- ■ P Parkeerplaats
- ✈ Vliegveld
- —·— Grens
- ▬ Hoofdweg
- — Secundaire weg
- ------ Pad

N.B. Op de kaarten waar dit niet uitdrukkelijk is aangegeven, wordt de bovenzijde van de kaart als het noorden aangehouden.

FOTOVERANTWOORDING

Franco Banfi: pag. 47 rechtsboven, 57 rechtsboven.

Marcello Bertinetti/Archivio White Star: pagg. 15 onder, 28 linksmidden, 218 linksonder, 29, 39 onder, 45 rechtsonder, 46 onder, 52 onder, 54 onder, 58 midden, 62 onder, 63, 65 onder, 67 midden, 70 midden, 83 rechtsmidden, 83 rechtsonder, 84 rechtsmidden, 84 rechtsonder, 84 linksonder, 93 onder, 97 boven, 99 onder, 102 rechtsboven, 102 onder, 104, 122, 123 boven, 123 onder, 124-125, 128 midden, 128 onder, 130 rechtsboven, 138, 145 boven.

Duba: pag. 53 linksonder, 55 rechtsboven, 57 rechtsmidden, 82 boven, 85 boven, 97 rechtsmidden.

Edotike: pag. 134, 135, 136-137, 152-153.

Andrea e Antonella Ferrari: pag. 47 onder, 71 linksonder.

Paolo Fossati: pag. 55 rechtsonder, 70 boven, 99 linksmidden.

Itamar Grinberg: pag. 56 onder, 99 boven.

Italo Monetti: pag. 116, 117 boven en linksmidden, 117 onder.

Alberto Muro Pelliconi: pag. 47 rechtsboven, 71 rechtsboven, 96 onder, 97 linksmidden.

NASA: pag. 4-5, 6.

Vincenzo Paolillo: pag. 69 onder, 99 rechtsmidden.

Sergio Quaglia: pag. 71 rechtsonder.

Roberto Rinaldi: pag. 52 midden, 53 rechtsboven, 53 rechtsboven, 53 rechtsmidden, 53 rechtsonder, 55 rechtsboven, 55 linksonder, 55 rechtsmidden, 56 boven, 57 rechtsboven, 58 boven, 58 onder, 59, 68 midden, 69 rechtsmidden, 70 onder, 85 midden, 85 onder.
Jeff Rotman: pag. 57 onder, 71 rechtsboven, 83 onder, 97 onder.

Alberto Siliotti/C.D.A-archief.: pag. 1, 7, 8, 9, 10, 11, 12, 13, 14, 15, 16, 17, 18, 19, 20, 21, 22, 23, 24, 25, 26, 27, 28 rechtsboven, 28 rechtsboven, 30, 32, 33, 34, 35, 36, 37, 39 boven, 39 midden, 40, 41, 42, 43, 44, 45 boven, 45 midden, 45 linksonder, 46 boven, 46 midden, 48, 49, 50, 51, 52 boven, 54 boven, 60, 61, 62 boven, 62 midden, 65 rechtsboven, 65 rechtsboven, 66, 67 boven, 67 onder, 68 boven, 68 onder, 69 boven, 72, 73, 75, 76, 77, 78, 79, 80, 81, 82 onder, 83 onder, 83 boven, 84 boven, 86, 87, 88, 89, 91, 92, 93 boven, 93 midden, 96 boven, 96 midden, 98, 101, 102 rechtsboven, 102 linksmidden, 102 rechtsmidden, 105, 106, 107, 108, 109, 110-111, 113, 114, 117 rechtsboven, 118, 119, 120, 121, 123 midden, 128 boven, 129, 130, 131, 132-133, 141, 142-143, 145 midden, 145 onder, 147, 148, 149, 152, 153.

Alberto Vanzo : pag. 84 linksmidden.

Claudio Ziraldo: pag. 47 midden, 69 linksmidden, 83 rechtsboven.